Introduction to
Psychodynamic Psychotherapy
Technique 2nd Edition

精神力動的
サイコセラピー入門

日常臨床に活かすテクニック

セーラ・フェルス・アッシャー 著　岡野憲一郎 監訳　重宗祥子 訳

岩崎学術出版社

INTRODUCTION TO PSYCHODYNAMIC PSYCHOTHERAPY TECHNIQUE, Second edition
by Sarah Fels Usher
Copyright © 2013 Sarah Fels Usher
All Rights Reserved.
Authorised translation from the English language edition published by Routledge,
a member of the Taylor & Francis Group.
Japanese translation rights arranged with
Taylor & Francis Group
through Japan UNI Agency, Inc., Tokyo

監訳者まえがき

　本書「精神力動的サイコセラピー入門」は，精神分析的精神的セラピーを志す者にとって極めて明快でかつ平易な言葉で書かれたテキストである。（ちなみに本訳書では心理療法，精神療法を「セラピー」と，療法家を「セラピスト」と呼んでいる）。

　本文からは著者セーラ・フェルス・アッシャー女史の息遣いが伝わってくるようだ。精神分析を非常に積極的に日常臨床に取り入れようというその姿勢。そしてそれを確固たる精神分析的なトレーニングとそれに基づく治療理念が支えている。著者の頭には治療の設定，治療構造とはこうあるべきものである，というモデルが明確に備わり，その構造を厳守し，受け身性を保ち，転移解釈を中心とした技法を守るという姿勢が見られる。しかしそのうえで柔軟性に富み，患者に寄り添い，細やかな配慮を忘れない。このようなセラピストを持った患者やバイジーはさぞかし安定した治療の場を提供された安心感や心地よさを覚えるだろう。

　患者はアッシャー女史との治療では，時間が過ぎた後に少しぐずぐずしたり，無駄話につきあってもらうことは，あまり期待出来ないかもしれない。でもそこには「構造を厳守することで，あなたやあなたとの治療関係を大事にしているのですよ」というメッセージが同時に聞こえてくるだろう。つまり彼女は常に患者のことを考え続けてくれているのである。そしてこれがアッシャー女史なりの分析的セラピーのスタイルである。

　私はこれまでにスーパーヴィジョンや症例検討を通して，様々なスタイルのセラピストたちに接する機会を持って来たが，彼らの多くが精神分析的なオリエンテーションを有する。その彼らとのかかわりを通じて，「セラピストが精神分析を母国語とすること」について考えるようになってきている。サイコセラピーをライフワークとして選び，本腰を入れて学びたい人の多くは，精神分析をその入り口として選ぶ。それは精神分析には長い伝統があり，そのトレー

ニングの環境がその他のセラピーに比べて整っているからだ。そしてそこでフロイトを学び，転移解釈の重要さを叩き込まれて育っていく。それから後にそのセラピストがどれだけ精神分析以外の世界に触れ，どのように折衷的に，あるいは統合的になっていくかは，ケースバイケースであろう。ただしおそらく彼らの頭の中で依然として用いられるのは，精神分析的な概念である。

　精神分析のトレーニングから入り，自分流のセラピーのスタイルを追求したセラピストの中には，最終的には伝統的な精神分析とはかなり異なるスタイルを確立するかもしれない。しかしそのセラピストはおそらく母国語である精神分析の用語を用いてその違いを語るだろう。たとえば「私は治療構造を重視する一方では，分析的な隠れ身の態度はあまり重視していません」などというように。そして私はその立場も精神分析的，と呼んでいいと思う。

　その意味でアッシャー女史は精神分析を「母国語」とし，しかし柔軟で豊かな感受性を持った，彼女流のセラピーのスタイルの完成形をここに示している。そのスタイルはかなり伝統に忠実でありつつ，それとは距離を置いた点も見られる。そのひとつが，終結をめぐる議論である。彼女は週4回を最後まで続けていきなり終結をするという伝統的な分析のモデルに異を唱える。また治療場面において贈り物を受け取る際に見せる柔軟さにも，彼女らしさが現れている。

　本書が備えるいくつかの特徴は，自分なりの精神分析的なスタイルを模索するセラピストたちにとって大いに助けになるに違いない。特に第3章のフォーミュレーションの書き方，第6章の防衛的な患者の扱い，第8章のスーパーヴィジョンの活用などに，著者らしさが表れている。これらの記述は長年の女史のスーパーヴィジョン経験に裏打ちされる具体的でかつ懇切丁寧なものであり，ビギナーのみならず指導者レベルのセラピストにとても参考になるであろう。

　翻訳者重宗祥子氏も精神分析を基本的なアプローチとして経験を積んだベテランのセラピストである。彼女が分析的セラピーのスタイルを自分なりに作り上げる上で，アッシャー女史のこのテキストは大きな影響を与えたことが伺える。それが彼女の翻訳の確かさに表れ，私が手を入れる必要はほとんど感じなかったことを付け加えておきたい。

平成30年8月

　　　　　　　　　　　　　　　　京都大学教育学研究科　岡野憲一郎

目　次

監訳者まえがき　iii
本書について　1
はじめに　3
謝　辞　8

第1章　精神力動的サイコセラピーの言葉を理解すること　………… 9

第2章　始まり　……………………………………………………… 41

第3章　生育史を聴き取ることとフォーミュレーション　………… 54

第4章　セラピーにふさわしい患者を選ぶこと　………………… 69

第5章　継続治療　…………………………………………………… 79

第6章　防衛的な患者を扱い続けること　………………………… 117

第7章　終わり　……………………………………………………… 135

第8章　スーパーヴィジョンを活用すること　…………………… 162

参考文献　181
訳者あとがき　185
索　引　188

本書について

精神力動的サイコセラピー入門は，セーラ・フェルス・アッシャー Sarah Fels Usher により 1993 年に出版された精神力動的サイコセラピーのための定評ある専門的入門書の改訂版です。入念に改訂された本書において，著者は精神力動的サイコセラピーを患者の理解と治療のための方法として用いながら，まったく初心者の学生をサイコセラピープロセスの最後まで導いていきます。

精神力動的サイコセラピー入門は，精神分析的／精神力動的理論がどのようにその技術を裏付けているかを説明し，どのように技術が理論に導かれるかを明快で理解し易いスタイルで示しています。各章は，転移と逆転移という精神分析的概念をめぐって構成されており，それはこれらの概念がどのようにサイコセラピーの仕事を結びつけているのかを示しています。患者の防衛に取り組むことに関する章，終結期の治療者・患者双方の感情に関する徹底した観察，そしてスーパーヴィジョンの経験に関する章が新しく追加され，そこにはいずれも生き生きとした臨床例が描かれています。

本書は，学生の視点から書かれていて，彼らが実践において出会うと思われる困難に焦点をあて，技法に関して具体的な示唆を与えていることに特徴があります。**精神力動的サイコセラピー入門**は精神分析家，サイコセラピスト，精神科レジデント，サイコセラピーを専攻する大学院生と社会福祉の学生にとって興味を惹くものでしょう。

セーラ・フェルス・アッシャーはトロントで個人開業をしている精神分析家であり心理学者です。彼女はトロント精神分析協会の前会長で，Fundamental Psychoanalytic Perspectives Program の設立ディレクターであるとともにトロント精神分析インスティテュートの指導メンバーです。アッシャー博士はカナダ精神分析ジャーナルの編集者で，What this Thing Called Love? A Guide to Psychoanalytic Psychotherapy with Couples（Routlidge, 2008），および

Separation-individuation Struggle in Adult Life: Leaving Home（Routledge, 2017）の著者でもあります。

はじめに

　この本は精神力動的／精神分析的オリエンテーションをもって勉強をしている人びとと初心の実践家に向けて，治療の基本理論と技術の手引として書かれています。

　15年あまり前，「**精神力動的サイコセラピー入門**」の初版を出した時，まだ私はトロントの精神分析協会で分析の訓練を受け始めたばかりでした。当時の出版社（インターナショナル・ユニバーシティ・プレス）は，分析家になる前に私がその本を書きあげたことを喜んでくれました。それはより幅広い層の読者にとって理解しやすくなるだろうという理由からでした。そしてその後，いろいろな研修コースでこの本は活用され，改訂を求める静かな声があがってきました。私は精神力動的／精神分析的アプローチを学ぼうとする様々なセラピストや訓練中のセラピスト，例えばサイコセラピーに取り組み始めたばかりの人，他の方法論を教え込まれていて密かに転向をもくろんでいる人に役立ってほしいと思っています。

　長期セラピーは廃れたという噂は相当に誇張されたものです。二十世紀の終わりに，急場しのぎのセラピーが人気を博したのは，ひとつにはそのスピードのため，そしてもうひとつには保険の適応が狭められたためでしたが，結局，患者／クライエントは継続的な支援を必要としているために，その勢いもいまや衰えつつあるようです。あらゆるサイコセラピーの治療結果をメタ分析したShedler (2010)の最近の文献は，精神力動的サイコセラピーで得られる利益が，時の経過に耐えるばかりではなく，増していくことを示しています。

　精神力動的サイコセラピーは精神分析的概念に基づいており，ある程度までは方法論的にも精神分析に基づいています。Shedlerはいくつかの一貫した特徴を挙げていますが，それらは全体として精神力動的サイコセラピーを他の治療と識別します。

　　●情動と感情表出に焦点をあてる──セラピストは，これまで気付かれるこ

とのなかった矛盾に満ちた厄介な気持ちも含めて，患者が気持ちを言葉として表現することを助ける
- 繰り返されるテーマとパターン――特に，痛みを伴う，あるいは自滅的なパターン――の同定（正体の確認）
- 現在の問題に対し過去の体験がもたらす影響の理解
- 治療関係に焦点をあてる――すなわち転移と逆転移

多様なサイコセラピーを比較検討した論文を批判的に調べた結果，Shedler は以下のように結論づけています。

> 入手できるエビデンスは，精神力動的セラピーの効果量 effect sizes が「経験的に支持される」とか「エビデンスに基づいた」というように盛んに推奨されてきた他の治療法の効果量と同程度に大きいことを示している……最終的に精神力動的セラピーのもたらす効果は持続的であり，一時的なものにとどまらず，症状の寛解 remission をはるかに超えるものと示唆している。多くの人びとにとって精神力動的セラピーは人生をより豊かに，自由に，そしてより実りあるものにするような内的資源や能力を育むと言ってさしつかえない。
> （Shedler, 2010, p. 107）

とは言うものの，認知行動療法のような異なる形態のサイコセラピーが，ある種の患者には精神力動的セラピーと同程度に，あるいはそれ以上に役立ったり，あるセラピストにとってはより馴染みやすい場合があることを私も知っています。こうしたセラピーもしばしばそうとは認識されずに精神力動的セラピーの中核的な特色を用いているものなので，そうしたセラピーを行うためにでさえ，セラピストには精神力動的理論と技術の基礎を身に付けることが必要とされます。このような状況において，精神力動論の知識は，それを治療者が治療中に患者に伝えるかどうかにかかわらず，治療関係について学び，理解するための貴重な基礎を提供することができるのです。あれかこれかの考え方，つまりどの方法がより良いかというような競合的なアプローチは，誰にとっても時間の無駄です。私は次のように考えたいのです。転移や逆転移というような精神力動的な考えを理解することが，困った事態をひきおこすことは決してありませんし，結局どのような理論的方法を採用するにせよ，その方法の土台と

なるでしょう。

　この本はある種の「実用技術 how to」に的をしぼっていますが，技術はもちろん理論に裏付けられるものであり，ここではその理論についても説明をします。熱心な学習者には，もっと「なぜ」について知るために精神力動的／精神分析的な文献を読み進めてもらいたいと思います。

　精神分析的サイコセラピーにおいても精神力動的サイコセラピーにおいても，臨床的データと理論的前提もしくは概念の間の関係はとても重要で高度に複雑であることが一般的に認められています（Bibring, 1968）。こうした理論的な知識は治療者としての訓練にとって不可欠な部分です。それはセッションの最中，そして後になってセッションを思い起こした時に，患者との間で何が起きているか知性を働かせて仮説を立てることのできるあなたのその部分にとって糧となります。トレーニングを受けていない，あらゆる種類の「カウンセラー達」，善意の友人や親戚，あるいは患者の恋人とあなたの間に一線を引いているのは，この理論と技術両方についての知識なのです。あなたの理論的知識は，適切なだけ適切な時に患者と共有することができるのです。精神力動的／精神分析的理論についての優れた著作は数多いので，すでに他のところで語られたものについてはここでレビューすることを控えます。私は特に Sandler, Dare, Holder（1973），Greenson（1967），そして Gabbard（1990）の第1章と2章を読むことを薦めます。Eagle（1984）は，Greenberg と Mithcell（1983）が**精神分析理論における対象関係**で行ったのと同様に，対象関係論と自己心理学を含む精神分析的理論の発展について優れた概論を提供しています。もちろんフロイト自身の著作も，特に彼が技法について重点的に取り扱っているもの（参考文献を参照）は，いつ読んでも楽しいものです。彼がそれを書いたのが100年も前だということを忘れないでください。今日に至っても，きわめて生きいきしたその理論が生み出された思考について理解するためには，フロイトを読むことは計り知れないほど貴重な方法なのです。

　この部分的なリストからでも精神力動的／精神分析的な理論と治療にはいくつかの視点があることがわかるでしょう。また，すべてに当てはまるものなどないと頑強に主張する人もいますが，異なる理論的アプローチも実際のところはさほど食い違ってはいないのです。古典的精神分析理論はフロイト

が発展させたもので，それが始まりでした。フロイトは私たちに無意識の概念をもたらし，欲動と防衛について，また葛藤と妥協形成の結果（症状）の理解を解明することで，私たちが個々人の機能を理解することに役立ちました。そして対象関係論者たちがそれに続きました。子どもの治療を行ったのはMargaret Mahler や Melanie Klein であり，Fairbairn は，私たちの基本的な欲動は人との対象関係を求めるものであり，生物的欲動の満足を求めるものではないという考えを最初に定式化しました。これは，共に他者との関係性の中にある人間に焦点をあてている自己心理学と関係性心理学への道を拓きました。（こうした理論についての丁寧な解説は，例えば Bacal と Newman, 1990 を参考にしてください）。もしも読者が精神分析理論の発展を歴史的な流れに位置づけることに関心があれば，「精神分析の百年：その年代記 1900-2000　One Hundred Years of Psychoanalysis: A timeline, 1900-2000 として刊行された年表を見るのがよいでしょう（Young-Bruehl and Dunbar, 2009）。

　この本の内容の大部分は，私が心理学博士課程に在籍するインターンの人びとや，トロント精神分析協会における上級精神分析的精神療法プログラムの学生（専門職にある人々）に行ったスーパーヴィジョンの経験から得られたものです。ずっと昔，私がトロントの研修病院のスタッフをしていた時は，すべてのスーパーヴァイジーの全セッションの録音テープ（テープレコーダーなんて覚えていますか？）を聴いたものでした。私はいつも彼らの介入について，またそのセッションの流れや思潮 climate に注目しました。それからスーパーヴァイジーは震えながらセッションに対する私の印象を聞いたものでした。私たちはそれぞれの考えについて，そして可能なら彼らのコメントの逆転移的理由付けについて話し合いました。もちろんこの方法の主たる問題は，双方にとって信じがたいほど手間がかかるものであるだけでなく，私がテープに聴き入っていることに対する学生達の不安が，時として彼らのどのような創造的な討論をも圧倒するものとなっていたことであり，それは訓練を積んだセラピストであっても同様でした。とは言え，学生は自分達のセッションを録音するという訓練から多くの技術を学び続けたと明言しています。共に過ごした時間の中で，彼らはいつも大事な質問をしてくれたので，私はそれを記録させてもらって，この本の内容に役立てています。スーパーヴィジョンについて，そしてそれが

学生に及ぼす効果については第8章を見てください。

　この本では，私は治療的にかかわる対象をクライエントではなく**患者**と呼ぶつもりです。それは単に私が訓練を医療（病院）現場で受けたからであり，患者という言葉の方がより自然に出てくるからです。もし読者が**クライエント**という言葉の方がよければ，読み進む時にそのように置き換えてほしいと思います。スーパーヴァイジーも時として**学生**とよばれますが，その言葉は治療へのこの精神分析的／精神力動的視点を学ぶことに関心のあるすべてのセラピストを意味するものです。

　Ogden（2004）が精神分析について述べた次のことは，また精神分析的精神療法にも，それが十分に深いものであれば応用されうるでしょう。「精神分析は生きられた感情体験である。それゆえに翻訳も記録も説明も理解も，そして言葉によって語られることもできないのである。精神分析は精神分析なのだ」（p. 857）私はここで自分が説明できることについてはそうするつもりですし，またそれによってさらなる理解が始まることを期待しています。

謝　辞

　この本の初版の時から今日までの間に，私はトロント精神分析協会で精神分析の訓練を受け，そこでは先生達やスーパーヴァイザー達が私の考え方や実践の方法における変化に計り知れない影響を与えてくださいました。ふたつの版の違いは，精神力動的サイコセラピーの理論と実践における研究成果が新しくなった結果であることに加えて，この訓練によるものなのです。

　また長年にわたって，私により良く聴くこととより深く理解することを教え続けてくださったスーパーヴァイジー達と患者さん達に感謝したいと思います。

　そして改訂をしていた数カ月の間，終始忍耐強く，私に過剰な期待をもたずにいてくれた夫のGaryにももちろん深い感謝を送りたいと思います。

第1章
精神力動的サイコセラピーの言葉を理解すること

　この章では精神力動的サイコセラピーにおいて最もよく用いられる概念の定義をいくつか提示します。今のところはその定義がすべて意味のあるものというわけではないかもしれませんが，これから先の部分を分かりやすくするために，これらを提示します。必要に応じて簡単にここに戻って参照することができるでしょう。

　これらの定義には技法についての最初の示唆を織り込んでおきたいと思います。つまりセラピー状況においてその概念を用いて作業をすることの実例です。定義と技法は，それらを説明しようとすると時として分かちがたいものとなります。本書では特に転移と防衛についての箇所にそれがあてはまります。

精神力動的

　精神力動的なアプローチは，ジグムント・フロイトの著作から始まった精神分析的思考と理論に基づいています。フロイトは患者の話を聴くことからデータを得て，この臨床的なデータを神経症研究の記載に用いたのですが，この神経症の研究はもともと神経症的な葛藤の研究であると信じられていました（Greenson, 1967）。要するに，行動は仮説上の精神的な力，動機あるいは衝動の産物であり，そしてそれらを調整し，制止し，つなぐ心理学的過程であるとみなされていました。**力動的**という言葉は動きを意味しています。精神力動的セラピーにおいては，これらの力（それらはしばしば相互葛藤の中にあるのですが）には流体の動きが存在し，外界との関係の中で，これらの力を緩和するために生じる防衛の強さの干満が存在することが前提となっています。

精神力動的セラピーの特徴の概略は「はじめに」に述べられています。

　話を聴く時，セラピストは患者の現在の思考や感情と過去の経験，時として非常に早期の経験との間につながりをつけようとし始めます。このような経験のうち，あるものは「忘れられて」，あるいは抑圧されていて，例えば恐怖症や独特な行動様式，あるいは実際に後で話題となる患者の転移反応の中に，しばしば偽装されたり歪められたりした現在の表現が見出されるだけなのです。私たちが隠された心理的プロセスを推測するのはこれらの思考と感情からです。

　精神分析においても精神力動的アプローチにおいても，患者の症状（例えば不安）は，葛藤や恐れや不安や心理的防衛と共に，力動的で成長しつつある感情をもつ人間としての人物像全体のおかれた情況の文脈において考慮されます。患者が家族の内と外の双方において親密な関係を持つ能力，彼らの性格／自我の強さと弱さ，対処法の選択は，すべて精神力動的アプローチの一部であり，有用なものです。

　投影法（例えばロールシャッハテスト）を実施して解釈する心理学者は，何が人を動かすかを発見する探索作業に慣れています。無意識の力動に焦点をあてることは，セラピストにとって心理学的レポートを読むために役立ち，その上，セラピー中に無意識の力動を観察する助けになるでしょう。精神力動的セラピーは，常にその患者のセラピストとの関係を理解することを特徴としています（転移と作業同盟の項を参照）。程度の差こそあれ，この関係が治療の要点となるのです。このタイプの治療においてこのことは決して無視されることはできません。

生育史

　精神力動的アプローチは本質的に過去の出来事を扱う治療へのアプローチであり，患者が自分の行動を理解することを助けるようなセラピストのコメント（観察に基づく所見と解釈）は，少なくともある程度セラピストが知っている患者の個人史（すなわち彼らの初期の生育や家庭生活）を根拠とすることを意味しています。Basch（1980）がこのように述べています。

生涯を通して私たちは，子ども時代の希望，期待そして恐怖を，行動や外見や態度によって暗黙のうちに示している。私たちはそれらを表向きには，いわゆるおとなの役割を引き受けることによって自分自身から，そして他者から隠そうとしている。私たちの幸福のかなりの部分は，こうした初期の要求を，おとなとしての私たちに対して自分自身と他者が抱く期待にいかにうまく溶け合わせることができるかにかかっている。サイコセラピーの患者となる人は，要するに自分たちはこの目的に到達し損ねていると言っているのである。　　　　　　　　　　　　　　　　　　　（Basch, 1980. p. 30）

　セラピストは患者の子ども時代を理解することにより，患者の重要な他者，勉学や仕事に向かう態度，人生哲学などに関する重要なテーマをあきらかにすることができます。ある程度こうした知識を持つことは，この作業に対する患者の動機，起こりうる抵抗についてセラピーの中でなにが生じるかを予測するのにも重要であり，そしてもちろんセラピストとの関係の展開の仕方をいくつか予測するのに重要なのです。こういう訳で，ある程度は系統立った生育史は治療の初めに詳細に得られるようにすべきです。そしてあなたが新人であればあるほど，それは系統立てられるべきでしょう。生育史の聞き取り方についての概略は第 3 章に提示されています。

共　感

　同情 sympathy と共感 empathy という二つの単語は，通常 3 つの区別できることがらを叙述するために使われる。それは①他者の感情の状態がわかるように私たちを動かす基本的な無意識の能力，②他者の感情の状態を知ろうと「試みの同一化」を意識的もしくは無意識的に使うこと，③思いやりという感情。　　　　　　　　　　　　　　　　　　　（Black, 2004, p. 579）

　Black はこの 3 つの用法がこれまで区分されておらず，**同情**という語が精神分析と精神力動的セラピーの中で貶められていたために，**共感**という語が過剰に使われてきていたと述べました。もしも精神分析家が同情という語をうっかり使うと，彼らはそれを訂正して「共感」と言い換えるものです。共感は私たちが自信をもって使う言葉なのです。私たちは共感によって，自分自身の安全

な立ち位置を失うことなく患者と試みの同一化をすると感じ，この結果として私たちは自分たちの解釈が患者の内的な状態に言及していると想定するようです。

論文の結論でBlackは同情を以下のように定義しました。「感情〔情動〕を調律させることのできる，基本的で本能的な能力」(p. 592)。それはまた「共感の働きが洗練されればされるほど，そして思いやりという感情が発達し特殊化すればするほど，それはしばしば，紛らわしいことだが，同情ともよばれる」(p. 593)。

共感の利用は，あらゆる効果的なサイコセラピー（精神力動的なオリエンテーションを持たないセラピーも含む）の実践に内在しています。上述のとおり，それは**患者**の視点から世界を感じることなのであって，患者がどのように感じるべきであるとか，感じているに違いないとセラピストが考えることではないのです。オックスフォード英語辞典による共感の定義は「対象あるいは自分自身以外の感情の経験に入り込む，あるいは理解する力」です。フロイト（1921）は共感を治療の不可欠な部分とみなしていました。

Carl Rogers（1951）は彼の画期的な著作である来談者中心療法において，クライエントの身になって考えることについて述べており，クライエントの述べたことを言い換えることをも含む共感を学ぶ方法のあらましを述べました。時として初心のセラピストはこれをやりすぎてしまい，患者は過去を振る返ることには多大な共感がなされても，前へ進もうとする心の動きには共感が十分になされていないと気付くのです。より近年になって，Heinz Kohut（1977）は，境界例や自己愛人格障害の人びととの作業において，共感の中心的重要性にセラピストの注意を再焦点化して，その概念を定式化しました。

> 精神分析的セラピーにおいて，共感は患者について理解するセラピストの精神内部でのプロセスを描写するために用いられた。それによって患者を特に感情的に理解すること，他者の気持ちを感じる能力が高められるのである。共感は聴くことと解釈することの間のどこかに位置づけられ，双方にとって前提条件として役立つ。 (Berger, 1987, p. 8)

そういうわけで，セラピストはただサンプルを採取するという行為だけで，

患者の体験に関する情動になんとかして正確に同調すること，つまり**患者にと****って**感じられているに違いないことを知ることができなければなりません。患者がすすり泣いているとして，セラピストが一緒にすすり泣いても役には立たないのです。しかしもしセラピストが次のように言うほど悲しい気持ちになるとすれば，それは助けになるかもしれません。「これはあなたにとってとても悲しい瞬間／出来事／記憶ですね」。そう言ってしまっても，もちろん私たちには本当に気持ちが動かされる時があるので，それはまれである限りは差し支えないことです。それが頻繁におきてしまうと，患者は私たちを悲しい／恐ろしい／怒りの感情から守りたいと感じ始めるか，あるいはそうした感情が生じて来た時に私たちを気遣おうとしてしまいます。家族が愛する犬を殺さねばならなくなった20歳の女性との面接を一例としてみましょう。私は年余にわたり，多くの愛犬の死について聞いてきましたが，その犬のおどけた仕草については何回もそれを耳にし，いろいろなポーズをとる写真を見ていたので，ゴールデン・コッカプーのジョージの死に，私は信じられないほど悲しくなりました。飼い犬をめぐる患者の生々しく無防備な感情に私はすっかり影響されてしまい，泣き出してしまったのでした。

　共感する能力は，部分的には他者に同一化する能力にかかっています。それは必ずしも生まれつきの天分という訳ではありませんが，ある種の人は他の人達よりも容易に同一化ができるようです。訓練によってそれを身に付けることはできますし，共感能力は患者と面接をする経験によって向上します。患者たちは，彼らに共感する方法を私たちに教えてくれるだけではなく，背景の中に私達が身を置きつつ，絶妙な形でそこに居続ける技術をも教えてくれるのです。

　あなたが比較的共感しやすいタイプのセラピストならば，自分の共感能力の限界を知り，治療の道具として使うことを学べるようにすることが重要です。これは，その過程を十分に意識することであなたは患者が感じていることの中に入りこみ，それからより客観的な自分の知識と経験へと出て行くことを，最も有益な形でできることを意味しています。それはまた特に共感的になりにくい時，もしくは「巻き込まれ過ぎて」いる時には，患者に対する自分自身の感情的（逆転移）反応にできるだけ自覚的になることを意味しています。逆転移についてはこの章の後の部分と本書全体で触れていきましょう。

あなたがきわめて共感が難しいセラピストの場合には，あなたが難しいと思う患者の種類を，個人治療もしくはスーパーヴィジョンの中で探ることが重要です。大部分のセラピストやセラピスト志願者にとって，共感の困難さは通常特定のタイプの患者，例えば自己愛的な患者，あるいはあなたの価値観に反する何かをする患者との関係で起きてきます。

　初心のセラピストは時として**本当に**共感的になろうとするあまり，患者に気持ちを映し返そうとし過ぎてしまうことがあります。私が指導していた新人の訓練生は，若い患者と会い，彼女が新しいキャリアとしてどのような進路を選ぶかについてのジレンマについて一緒に考えていました。彼女は計画を変更するという決断が少し遅かったのです。セラピストが痛々しい声で「心が張り裂ける思いでしょうね」と言うと，患者は「いえ，実のところ**そこまで**ひどく感じてはいません」と答えたのです。この共感への努力はまったく共感不全でした。それはセラピストと患者の心の波長が合っていなかったからです。通常，人というものは，例えば関係の破綻や愛する人の死によって「心が張り裂ける」かもしれませんが，進路決定でそこまでになることはありません。このセラピストは患者がそれをどのように感じたかを知るために自分の感覚を用いることを学び，患者から感じ取られた手がかりを用いることを学び，それによって患者に対してより共感的なコメントを行えるようになる必要があります。

　共感の失敗は患者の気持ちが正確にくみ取られていない時，「はずれ miss」を表現する時に使われる言葉です。共感の失敗の程度は，非常に些細なものから重大なものまで様々で，多くのセラピストは，どんなに経験を積んだ人でも時折失敗するものなのです。失敗が生じた時，私たちは患者の言語的反応，あるいは例えば患者があなたから遠ざかるような身体言語からそれに気付くことがあるかもしれません。患者によっても，またセラピーがどこまで到達しているかにもよりますが，私はこうしたタイプの失敗については気付いた時点でできるだけ早く「認める」こと，患者が何を言おうとしていたかをさらに明確にしてもらうように頼むことが最善であると発見しました。また理解されていないことへの患者の反応について尋ねることも重要です。自己心理学が教えてくれたのは，こうした種類の失敗について知ることと修復することは，一旦軌道に戻れば，治療関係を強化するということです。

セラピストが正確で共感的な反応ができるようになると，患者は心から同意するだけでなく，そのテーマにについて話し続けて，時としてはセラピストの言葉を使い，さらにもっと例を挙げてその素材を深く探求するでしょう。

転　移

　この用語は，およそ使い古されて，あまりにも頻繁に間違った使われ方をしてきているので，できるだけ早い時期にそれを理解するように努力することが重要です。その概念は，神経症患者の精神分析中に展開する現象を描写するために，まずフロイトによって導入されました。「ヒステリー研究」（Breuer と Freud, 1893-1895）で最初に転移について記載した時，彼はセラピスト-患者関係のうち，患者が分析家に対して「誤った繋がり false connection」を持つ部分をそう呼びました。今日でも役立つ彼の広範な定義（1905）は以下のとおりです。

　　　　転移とは何か。それは，分析が進みゆくなかで呼び覚まされ意識化されることになる感情の蠢きかつ空想の，装いを新たにした再販本であり複製品である。しかもこの転移という領域に特徴的なのは，以前の人物が医者という人物によって代用されることである。（中略）代用されている点を除けば，もとの手本の内容とまったく区別のつかない転移もある。
　　　　　　　　　　　　　　　（フロイト全集第 6 巻，p. 152，Freud, 1905, p. 116）

　転移をどのように扱うかについてのフロイトのアドバイスは福音のように受け取られています。①転移を意識化せよ，②それは治療の妨げであることを患者に示せ，そして③患者の助けを借りて，患者の生育史の中にその原型をたどるようにこころがけよ（Greenson, 1967）。
　フロイトは「恋におちた」患者を描き（そしてフロイトの時代にはこれはいつでも女性患者と男性治療者について言われていましたが），そしてセラピストや分析家とまさに恋におちているかのように感じている患者もいますが，転移の概念は常にもっと広い意味で用いられます。転移という用語は，早期の重要な関係性の意識的，無意識的反復の双方を指しており，どのようなサイコセ

ラピーにおいても，それが認識され転移として命名されるかどうかにかかわらず生じうる，また生じているものと言われています。実際，転移は遍在し，私たちのあらゆる関係性の中にある程度は生じるものです。職場でも友達づきあいでも，そして恋愛関係の相手の選択においてはもっとも確実に転移は生じています（Usher, 2008）。

　精神力動的に方向づけられたサイコセラピーもしくは精神分析的サイコセラピーの技法は，更に転移というものを拡大鏡のもとに据え，そこでは転移はよりはっきりと観察され，分析され，説明されます。セラピー状況での転移は，患者の過去における重要な他者，父親もしくは母親のような人物についての，少なくとも部分的には無意識的な知覚をセラピストへと**置き換えた**（あるいは置き違えた）ものとして理解されます。

　患者が転移反応に苦しんでいるということのひとつの手がかりは，その反応が通常不適切ということです。それは状況に対して，あるいはあなたに対して過剰な反応，過少な反応，奇妙な反応，あるいはそのような場で自然に期待できるような反応の完全な欠如ですらあるかもしれません。両価性もまた転移反応の特徴であり，そこでは気持ちのある側面や次元（しばしば否定的部分）が無意識的です（Greenson, 1967）。セラピーのセッションでは愛に満ちた気持ちを体験する一方で怒りの感情は体験しない患者があれば，あるいはその逆の場合もあります。患者の精神内界では両方が存在しているにもかかわらず，強烈で一元的にしか体験しないのです。おそらく残念なことに，執拗さも転移反応のもうひとつの特徴です。セラピストによる幾多の介入と患者による何回かにわたる気付きが，その反応をやわらげるためには必要かもしれません。

　私は数年にわたって 30 歳代の専門職に就いている女性アリスとの分析を行っていました。彼女は非常に攻撃的で議論好きであり，そして個人的にも仕事の上でも人との関係を築くのが困難でした。彼女の主たる情動は敵意であり，それは私に対してと分析以外の彼女の生活との両方に向かっていました。分析開始後しばらくして，また彼女の敵意についての解釈を経て，アリスは何かをやさしく世話してみたいと思うようになり，猫を飼うことにしました。あるセッションで突然彼女は私を振り向いて尋ねました。「猫を飼っていらっしゃる？」。直接の質問に驚いたためでしょうか，あるいは同一化のモデルとして

の機能をはたそうとしたのでしょうか，私はこのように答えたのでした。「ええ」。彼女の次の言葉は「本当？　あなたは猫を飼うには意地が悪すぎると思っていたわ」。そう，おわかりのようにここには転移（だと良いのだが）の混合（母親は意地悪く彼女をしばしばからかっていました）と投影同一化，（彼女は私の中に自分自身について抱いていた悪い感情を投げ込みました）の一例をみることができます。

　この例ほど単純ではないですが，別の例を 42 歳の女性ベティのケースにみることができます。彼女はいつも約束の時間より早くやって来ていました。私が正確な時間どおりに呼びに行かないと彼女はいらだつのでしたが，このことをまったく認めませんでした。その後私たちは同意の上で，朝の面接をかなり早い時間に変更しましたが，私は最初のセッションに 5 分遅れてしまいました。彼女は過剰にやさしく，そして明らかに見下した声音で私に言いました。「この時間よりも以前の時間の方がよろしいのではないかしら？」もちろん私は彼女がかなり腹を立てているに違いないとコメントし，これがきわめて生産的な氷山の一角となったのです（セラピストの 5 分の遅刻は，実際に怒りを招くような事態であるとここで私は認めますが，この場合にはこの感情は尋常でない激しさに見えました）。そのセッションの間，ベティは幼い時に母親と姉妹たちといっしょに出かけることに興奮しながら，自家用車の中で待っていたことを思い出しました。その間，家族の女性や子どもを身体的暴力の脅しでコントロールしていた暴君であった父親は，家の中で出かけようか，出かけるとしたらいつにしようかを決めかねて焦っていたのでした。彼女は長時間にわたっていらいらしながら，しかしまた怯えながら車中に座って待っていました。私が遅刻したことへのベティの怒りの激しさは，このように父親についての過去の気持ちからの置き換えによって助長されたのでした。ベティは，父親のお気に入りの娘でしたが，このセッションの最後には，父親に対してその凶暴な行動への怒りの感情を探索することができました。彼女がセラピーを始めた時，父親がアルツハイマーを発症していたということが事態を複雑にしていました。

　やや簡略化しすぎるきらいはありますが，私たちは**陽性**と**陰性**の転移について語ることができます。これを簡略化しすぎると言うのは，表明されない転移の一部が，表明されたものの裏に潜伏していることを私たちは知っているから

です。陽性転移は，セラピストを好きとか尊敬するとか性的に惹かれるとか，愛してさえいるというような感情を言います。性愛転移をどのように扱うかについて，かなり興味のあることをフロイト（1915）は書いています。

> 分析医は差し出された情愛を受け入れたり，これに応じたりすることは断じてまかりならぬ，といった普遍妥当の道徳を，力をこめて強調しつつ要請すればいいのであれば，ことは簡単だろう。そうなれば，分析医は，情愛に応じるのとは逆に，今こそ，この恋着を起こしている女性に対して，断念を倫理的に要請し，その必要性をさとして聞かさねばならぬ時だと考え，彼女に，自身の要求を捨て去らせ，自身の自我の動物的部分を克服して分析作業を続行させるようにし向けなければならない，ということになるだろう。
> 　　　　　　　　（フロイト全集第13巻，p. 314，Freud, 1915, p. 163）

残念ながら，彼はこれを成し遂げるための技法については，まだこの時点で確かな助言を与えてはいません。

初心のセラピストにとっては，セラピーはどんな時でも陽性転移で始まるのが一番よいものです。すなわち患者はセラピーに来ることを意識的に欲し，あなたと関わりを持ちたがっており，セッションを楽しみにしていて，その作業においてベストを尽くそうとしている，というわけです。これは常習的な休みや遅刻が続くといったような明らかな抵抗を最小限にするでしょう（作業同盟の項を参照）。

陰性転移は，古典的に定義されてきたように，セラピストへの怒り，嫌悪，憎しみあるいは軽蔑という姿をとった攻撃性の感情に関連しています（Greenson, 1967）。先に述べたように，転移反応というものは大体実際のところ，性愛感情，愛情，怒り，そして攻撃性の入り交じったものです。それは転移の本性が両価的だからです。実際にセラピストにとっては，表現されたひとつの反応の反対の側面を考えることは興味深いものです。先のベティの例では，彼女が現在の状況（セラピー）にどのように反応しているか，この場合にはまったく肯定的で感謝に満ちたような態度でしたが，それについてセラピストの感覚について探索した時はもちろんのこと，もともとの人物（彼女の父親）についての感情を探索した時に，両価性はすぐに見いだすことができました。

転移反応は通常セラピーの間は終始流動的であり，時には一回のセッションの中でも変化します。あなたが女性のセラピストだからといって，患者があなたへ向ける転移が常に母親的なものであるとか，あなたが姉妹や叔母として見られていると考えるのは間違っています。患者の最初の反応は性別によるものかもしれません。しかし，もし患者があなたに対して経験しているものが，あなたと同性の親と矛盾するものであれば，それは変化するでしょう。仮に患者が父親を共感的であると体験し，母親は虐待的で世話をしないと感じ，あなたはその患者の女性セラピストであるとしましょう。この場合，最初の転移としては父親的なものが好ましいかもしれません。そうでなければ，セラピストは防衛と抵抗を道連れにしてスタートすることになるでしょう。しかしそのようにスタートしても，転移は移り変わるもので，一回のセッションの中でもセラピストは「父親」から「母親」へと変わることがあります。例えば，父親が共感的で母親がそうではないような場合，調子をあわせそこねるとか，共感的に聞きそこねるまでは，セラピストは父親転移の輝きの中で幸せにその恩恵に浴していられます。しかしこの時点で，セラピストは母親になるかもしれません。セラピストとしてはこの可能性に油断なく警戒していなくてはならないのです。

同じ例を使うと，患者がいったんセラピストに安心を感じれば，陰性の（母親の）転移が現れるということも起こりえます。多くの人にとって陽性転移は陰性転移よりも脅かされず，間違いなく社会的に受け入れられやすいので，通常初期において意識にのぼりやすいのです。しかしもしもセラピーを通してずっと，あなたに対する陰性感情がまったく表現されないとすると，たとえそれが心地良いことに思えたとしても良い徴候ではない，ということを心にとめておかねばなりません。それは患者がそうした気持ちを表現することを怖れているか，もっと悪い場合には，自分に向けられた陰性感情が表現されることに対して耐えられないという信号をあなたが患者に向けて発しているということを意味しているのです。

BarangerとBaranger（2008）は転移の「かのような as if」性質について以下のように述べています。

> 　患者は，時として非常に激しく，患者の歴史の中に起源をもつ数々の内的な……人物を分析家［セラピスト］に転移する。転移の恐れと憤りはその絶頂に達する；しかしながら患者はセッションへとやって来て分析家から助けを求めたいと思っている……言い換えれば，患者はあたかも［傍点は原著の強調箇所］それが本当の状況であるかのように感じて行動している……しかし治療関係はそのことによって混乱させられずに維持している。もしこの両義性が失われてしまうと，分析家は他の迫害者［恋人など］と同じように体験されてしまうのである。
> (2008, p. 799)

　嵐のように混乱した時にも患者がセッションに来続けることのできる能力は，作業同盟の質の問題にかかわるので，後ほど話題にしましょう。

　時にセッションの中で転移がかき立てられていると，それは患者にとってつらく，耐えがたいものですらあるので，それらの転移はセラピーの外での生活へと，いわば再 - 転移されるかもしれません。これは（面接室の外 out という意味で）行動化 acting out と言われます。その一例としては，つらいセッションの後で，セラピストへの怒りを，自分のパートナーへ，さらに悪いことには飼い猫へと向け替える患者の例が挙げられます。あるいは，性愛転移の苦しみの中にある患者は，セッションにやって来て，自分のことを褒め称えてそのニードを理解してくれるような誰かとの始まったばかりの燃え上がる情事の話をするかもしれません。セラピストと愛情関係をもつ機会が奪われたことや，セラピストとでは満足させられなかった誘惑が現実に与えられたことを通して，こうした感情がセラピー関係に由来することを，セラピストがきちんと観察できれば，難しい情緒をセッションの中へと戻すのを助けることができます。

　学生は患者に対して転移の現れに基づいた発言をすることを，しばしば自己中心的あるいは自己愛的に見えるのではないかと心配するものです。例えば，休みが近付き，その患者に喪失と分離のつらい経験がある場合，治療者はこんな風に尋ねるかもしれません。「2週間会えないことについてどんな風に感じていらっしゃるでしょうか？」。あるいは遅刻や沈黙あるいは見た目を気にしすぎることが転移に基づいたものであるかもしれないと感じ取った時，セラピストは問いかけるでしょう。「ここでなにかセラピーを妨げるような，**私に関**

わるような感情があると思われますか？」

　初心のセラピストは，自らをセッションの中心に据えることを考えるだけで尻込みしてしまうかもしれません。しかしこの本を通して次第に明らかになるように，あなたはセラピストとして（たとえ多くは背後に控えるにせよ）患者の人生において（それを望もうが望むまいが）重要な存在になるのです。転移の現れは**通常は**セラピストという現実の人間に向けられるものではなく投影や置き換えなので，自らを投影対象として，あるいは現実の人物としてですら，その混乱の中に飛び込むことを恐れないセラピストによるコメントや言葉は，患者が自分の情緒や行動に対する洞察を得ることを助けるには非常に貴重なのです。

　上述の転移に関する情報の多くは，現在の理論より古い，古典的な**一者**理論の視点から与えられたものです。すなわち，精神分析理論は患者が自分の問題をセラピストのところへ持ってくるという前提に基づいており，セラピストはできるかぎり，真っ白なスクリーンとしてあり続け，患者がセラピストの上に投影するものに基づいたセラピーを，特に精神分析の場合は全うすることでした。最近では，あらゆる観察的な「科学」の基本原則において，観察がなされる時には，観察対象に対して私たちが影響を与えているという理解を組み込む方向への変化が生じています。精神力動的セラピーにおいて，私たちが観察をする経過，質問をすること，共感，そして静かに座っていることすらすべてが患者に影響を与えるのです。結局そこにふたりの人間が存在すれば，双方の家族の歴史，不安，好みそして先入観の産物がそこに存在します。こうして私たちはその結果に関与させられています。転移はセラピストと患者の双方が作っており，そしてこのことが**二者**理論を生み出したのです。セラピストの場合，自分の逆転移（次に論じられます）が，患者の転移に（しばしば無意識の）影響を与えるのです。

　双方向理論の支持者には Owen Renik（1993）がいて，彼女は「削減できない分析家の主体性」という言葉を作り出しましたが，それはセッションにおいて私たちの主観性を排除することができないことを意味しています。Lewis Aron（1996）のような現代の関係性理論家は，転移は共に創造され相互に寄与されたものとして述べています。Aron は，転移はすべてが過去からの見当

違い misplacement というわけではないと述べています。患者はセラピストのニードや期待そしてパーソナリティに気付いており，そしてこれらが結果としての転移に織り込まれているかもしれないからです。この理論をさらに支持する事実は，ふたり以上のセラピストと治療をした経験を持つ患者の例に見いだされます。通常，そこで生じる転移はそれぞれまったく異なっています。Baranger と Baranger（2008）は上にも挙げましたが，分析タイプのセラピーを「二者の場」（p. 795）と表現しています。

　論議は今日まで続いています。転移において本当に演じられているもの，行動化されているものは何でしょうか。愛する養育者あるいは虐待する養育者と過ごした時間についての本当の記憶なのでしょうか。過去についての防衛的な改訂版でしょうか。望ましいイメージでしょうか。セラピストという現実の人物への本当の反応なのでしょうか。あなたはどのように考えますか。

逆転移

　逆転移という言葉は分析家の中に生じる感情を表現するために，フロイト（1910）により初めて創り出されました。

> 私たちは患者の影響のせいで医者の無意識的な感じ方に生ずる「逆転移」に注目するに至りましたが，できれば，医者は自分自身の内にあるこの逆転移に気づいてこれを制圧しなければならないという要求を掲げたいと考えています。　　　（フロイト全集第11巻，p. 195，Freud, 1910, pp. 144-145）

　最初，セラピスト／分析家の中の逆転移感情は治療の妨げになるもの，つまり患者によって分析家の中に惹き起こされるものであり，セラピストは通常は再分析を受けることによってただちに自ら排除すべきものである，とみなされました。フロイトと彼の初期の仲間は患者に対する反応を抱くことは盲点，あるいは未解決の葛藤であると述べていました。そしてもしもセラピストが患者に関する夢を見るならば，それはめっそうもないことで，再分析にも値しないほど混乱しているとみなされたのでした。それゆえおそらく1960年代までの初期の分析家の多くは，こうした事柄を開示しませんでした。しかし逆転移は

歴史的に，恐怖の感情を刺激するものから治療に純金をもたらすものとして歓迎されるセラピストの感情，情緒そして反応へと変化をとげてきたのです。

　逆転移が患者について，そしてセラピーのプロセスについて意味ある情報をもたらすものだとセラピストが認識するまでに約50年がかかったということは，今の私たちには驚くべきことに見えますが，それは最終的にはPaula Heimann（1950）の論考にその形をなしました。彼女は逆転移の概念をその否定的意味から解放し，患者によってかき立てられるものでもそうでないものでもセラピストがセッションを通して経験するあらゆる感情を意味するものへと拡大し，それを精神分析的セラピーの技法の中心に据えました。この本の中で強調したいのは逆転移の持つこの意味です。Heimannと彼女以降の大多数の著者は，セラピストが感情を排出せず維持することを勧めて来ました。

　逆転移反応はセラピストが患者に会う前からでも始まっていることがあります。紹介情報，電話やEメールでの患者のマナー，あるいは最初の約束に遅れて来たりキャンセルしたりすることに対して反応することがあります。

　もちろんセラピストは意識的反応には気付いているので，それは通常扱いやすいものです。こうした反応は私たちが常に用心しておかねばならない種類の素材を提供してくれます。例えば患者といて眠くなる，興奮する，不安になる，愚かしいと感じる，素晴らしいと感じる，羨ましくなる，あるいはこれらの感情のすべてをある患者に向けることです。あるいは，私たちは特定の患者といる時に何かが煩わしく感じられるものの，それを正確にみつけだすことができないかもしれません。

　キャロルという患者が高校生のころに，私は短期間彼女に会っていたのですが，彼女は大学の一年生の時，治療から離れていた間に精神病性うつに陥りました。帰省した時に，彼女はセラピーに戻って来て，母親が（隠れた）アルコール依存で，一見何の意味もなく彼女に激しく怒ることを明らかにしました。このことは私の「救済する良い親」という逆転移反応を活性化し，それは意識的，あるいは少なくともおおよそは意識的であり，私は彼女を助けたいという自分の欲求に火をつけることをある程度容認したのでした。キャロルは処方されている薬についての知識が豊富になり，その後，彼女にとって家から離れて生活することがうまくいかない理由について，試験的に精神力動的探索を始め

ました。母親のアルコール依存を彼女は隠していましたが，それは彼女がずっと抱えてきた家族の秘密のひとつにすぎないことが分かりました。彼女がどんどんよくなり，特に（私の「教える必要性」を活性化しながら）ますます心について考えるようになるにつれて，私が喜びに自分の顔を輝かせずにおくことは難しかったのですが，私はそれについて意識的であり，ほとんど抑えておくことができました。キャロルは母親を一度セッションに連れて来てもよいかと尋ねたので，私は同意しました。このセッションの間，私はキャロルが母親に精神力動的な言葉でこれまで彼女に何が悪かったのかを説明をするのを，そして母親の質問に慎重にそして本当に気遣う様子で答えるのを（ここもまた顔を輝かせて）見まもりました。私はほとんど話しませんでした。彼女は今では地元の大学に戻っていますが，家からは離れて住むことを選び，今のところうまくいっています。

　転移の箇所で述べたことですが，セラピストには自分自身の生育史があり，通常は患者の中の魅力や温厚さに反応し，明らかな敵意や攻撃性に直面すれば不快を感じます（Slavson, 1953）。私たちはこうした反応が患者によって引き起こされないことだけを望むわけにもいかず，せいぜい自分たちがその存在の可能性に気付き始めて，ほとんどの場合その反応を行動化せずに処理できることを願うばかりです。

　陽性逆転移感情は多くの源からセラピストの中に生じて来る可能性があり，その源はセラピスト自身の自我理想が患者によって表されていることや，セラピストの過去における個人の記憶，そしてちょうど上に書いたようなセラピストの中のその他の感情的に弱い点をも含んでいます。患者がセラピーで努力して良くなっているように見える時，私たちは気分がよく，患者が私たちを陰性感情の中に置き続ける時は，通常気分が悪いものです。陰性逆転移感情は，患者がセラピストの中に痛みを伴う記憶を呼び起こした時（例えばセラピスト自身の両親やきょうだいについて），あるいは攻撃的な患者の場合には恐れを呼び起こした時に生じる可能性があります。治療への抵抗は，それが長く続くならば，やはりセラピストの中に陰性感情を引き起こします。セラピストの個人的な生活を詮索するようなものや，セラピストの振る舞い，服装あるいはオフィスをずっと批判し続けるような過剰に侵入的な行動はすべて，セラピストに

よっては陰性逆転移感情をかき立てられるかもしれません。しかし一方でこうした行動を魅力的だと感じる人もあるかもしれないのです。

　転移と共に，逆転移も共 - 創造的，つまり関わっているふたりの個人の主観の相互作用の産物とみなされます。

　もちろん，逆転移がすべり易い坂を転げ落ちそうな場合，こうした反応はほとんどの場合は無意識にとどまったままです。その時，この反応は患者と共謀して，あるいはいわば患者に隠れて行動化される危険にさらされています。これに対する最善の保険は以下のとおりです。①あなた自身のセラピーか精神分析を受け，そこであなたが強烈な反応について話し合うことができれば，その源を理解できます。②スーパーヴィジョンではセッションの詳細を伝えて，ある程度はあなたの中に起きたその感情とファンタジーをレポートすることができます。（第8章を参照）③患者のことを語り合える研修グループの会合の中あるいは個人的コンサルテーションで経験豊かな同僚と話すことです。

　ほとんどのセラピストにとって，特に仕事の上で精神力動的あるいは精神分析的なアプローチを追求したい人にとって，パーソナルセラピーや精神分析は計り知れないほど貴重なのです。これはあなた自身のパーソナリティについて学び，そうすることで，サイコセラピーという親密なふたりの間でなぜあなたがいつも決まったやり方で影響を受けるのかを理解するには最も善い方法です。それはまたあなたに相手の椅子に座ること（あるいはカウチに横たわること），つまりセラピストの休日にはセッションの休みがあること，セッションが終わった時に動揺や怒りを感じるというのはどんな感じがするものか，そしてあなたのセラピストが発言するあらゆることの重要性への洞察を与えてくれます。自分自身が治療を経験したことのあるセラピストには，患者への共感的な調律と理解に明らかな進展が見られ，治療的有効性が増大します。

作業同盟

　作業同盟あるいは治療同盟は，基本的にサイコセラピーにおけるパートナーシップの要件について述べています。おそらくそれを最もよく要約しているのは次のような諺です。作業が困難になっても，タフな人は逃げ出さない。それ

は患者がセラピストと維持する相対的に非神経症的で合理的なラポールを説明しています。私は先に転移のところで，それはセラピーの「かのようなas if」という質が損なわれていない時であると言いました。作業同盟は，治療環境において患者が目的をもって作業する能力の表れなのです。(Greenson, 1967)

作業同盟は転移とはまったく別なものであり，最も順調な時でも転移と同時に存在するので，患者が転移反応に苦しんでいる時でさえ明確に区別して認識することができます。例えば患者はセラピストからのコメントを批判として反応するかもしれませんが，しかしこのように言うこともできるかもしれません。「今，私は批判されたように感じましたが，あなたが私を批判しないことは分かっています。ただ父がかつて私をよく批判した時と同じように感じただけなのです」。患者の，寄る辺ない感覚と共に，問題に打ち勝ちたいという動機，そして協働することへの意識的で合理的な希望のすべてが作業同盟を形づくっています。精神分析用語において，実際の同盟は患者の理性的な自我とセラピストの分析的自我の間に築かれているものとみなされています。(Sterba, 1929)。

アリス（p. 16の「猫」参照）は非常に攻撃的な家族の出で，友人との間や職場で対人関係を築くことが難しく，共同作業のほとんどの時間を通して陰性転移反応を示していました。あるセッションで彼女の男性との問題について慎重なやり方で（しかし十分ではなかったのですが）話し合っていた時，彼女は私に怒り始めて，「あんたなんか大嫌い，いやな女」と叫び，そして激しい勢いでセッションを出て行きました。私は自分に向けられた攻撃の噴出によっていくぶん動揺し，次に何が起きるのだろうかと考えていました。彼女はキャンセルの電話をしてくるでしょうか。遅れてくるでしょうか。私に熱弁をふるい続けるでしょうか。

翌日彼女は約束の時間にやって来ました。私がいまや**彼女を**憎んでいるに違いないと考えながらも，象徴的な意味でゴム長靴を履いて治療というぬかるみの中に入ってくる覚悟を見せたのでした。

それが作業同盟というものです。

Luborsky（Claghorn, 1976）は作業同盟のふたつのタイプを描写しました。①患者が自分を受け手recipientとして，セラピストを自分を支持して助けて

くれるものとして体験していることを基礎としたもの。そして②力を合わせて責任を共に持つような共闘を基礎とした同盟。そういうわけで，この同盟は，大部分は「現実の」関係性の一部であり，セラピーが進むにつれて暗黙のうちに，ほとんどわからないうちに発展する傾向にあります。こうした同盟の形成に要する時間は患者によって異なり，完全に同盟が発展するには3〜6カ月かかるでしょう。この種の同盟を発展させられない患者は，それは常にもっぱら本能的，衝動的，激しく情緒的で転移的態度でセラピストに反応する人なので，精神力動的セラピーで扱うことはきわめて難しいでしょう。

作業同盟の形成には通常，プロの支援者としてのセラピストに患者が少なくとも部分的には同一化する必要があり，それによって患者はセラピストと似たやり方で問題について考えることができるのです。しかし患者によってはセラピストへの強い同一化や心理学の知識を，さらに苦痛を伴って厄介な素材を扱うことに対しての抵抗（後の項目で論議します）として使うかもしれません。

患者が頻繁にうなづいて微笑んでいたり，あなたの言うことすべてに同意したり，あなたが彼らの生活をいかに変化させたかを話し，あなたを決して困らせないというだけで作業同盟が確立したわけではありません。実際のところ，それは正反対かもしれないのです。主たる目的が良い患者になることであり，あなたに好かれることである患者は，現実の自己があなたに受け容れられないことを恐れているので，本当の作業同盟を確立することが難しいかもしれません。

作業同盟を形成する患者の能力にはセラピストが重要な役割を演じます。Winnicott（1958）は「抱える環境 holding environment」という概念を初めて導入しました。それは母親が子どもに与える環境を描いており，その中で子どもは包まれ，そして体験されます。この用語はセラピー状況を記述する言葉として使いやすいものです。つまり患者にとって受容的で安全な環境を提供するのはセラピストの仕事であり，それによって患者は，ほとんどの場合，外の世界で必要とされる防衛を手放すのです。Greenson（1961）はこれに対するセラピストの貢献として，中でもセラピストのパーソナリティあるいは物腰，オフィスや待合室のプライバシー，時間にきっちりしていること，聴くことと共感の能力や，患者のための定期的な時間設定などが重要である，と強調してい

ます。週に1回あるいは2回定期的に時間を取ることは，患者がセッションを忘れずに仕事や家庭生活を計画することに役立ち，患者の不安を減らし，セラピスト側がしっかりしたコミットメントを伝えることに役立ちます。

　セラピストは境界設定によってセラピーの枠組みを確立し，同盟を尊重する必要があります。患者の話を中断することは確かに勧められることではありませんが，セラピストはセッションをできるだけ予定通りの時間に終わらせるよう努力すべきです。初心のセラピストはしばしば時間を超過することで患者になにか「特別なもの extra」を与えているように感じますが，患者にはセラピストが自分のことをどのように思っているかということに関して混乱させられたと感じることがせいぜいであり，最悪の場合はその後のスケジュールに遅れてしまうかもしれないので不都合に感じるというのが，私の体験です。もしあなたが遅れた時は，患者が例えば5分余分にいられるかどうかを丁寧に尋ねることで埋め合わせるようにすべきでしょう。彼らがあなたのために喜んでそうするとばかり考えてはいけません。もし彼らが時間超過できない時は，遅れた時間を上乗せできるようなセッションを，できれば次の回に設けるとよいでしょう。セッションの終わりについては次の章と本書全体の中で論じます。

　枠組みを維持するために，セラピストはどうしても必要な場合以外はセッションの間は電話には出るべきではありません。もしどうしても必要な場合は，重要な電話を待っていて，それに出なくてはならないと事前に患者に予告しておくべきでしょう。電話や携帯の呼び出し音を切っておけば，不必要に注意を散らすことを完全に避けることができ，あなたの注意がすべて患者に集中し，それこそ自分の時間である，と患者に分からせることができます。

　患者に休暇の計画を事前に余裕をもって伝えることで，この仕事をあなたがどれほど大事だと思っているかを患者に示し，残されることへの彼らの反応について話しあう時間を持つことができるようにします。それはある重要な出来事を知らせます。つまり不安，怒り，嫉妬，あるいは実のところ安堵を喚起するかもしれません。それはしばしば彼らの過去からの見捨てられて傷ついた体験を繰り返すことになるため，患者の使い慣れた本当の防衛が動き出す時です。たとえ休みが短いにせよ，予告することや，患者の反応を探索しておくことも重要です。数年前，私は自己愛的な母親から基本的に必要なものをほとんど何

も与えられなかった若い女性の分析をしていました。彼女は当初から分析に感謝し，休みが近付くといつも動揺し始めるのでした。最初の年，聖金曜日は法令で定められた休日で，私は誰もが自然に休みを予期するものと思っていましたが，その週が終わりに近付くにつれて彼女はさらに動揺し始めたので，私は彼女に何が起こっているのかと尋ねました。彼女は「休みに近付いているからです」と言いました。私は「どの休みですか？」と問いかけました。「もちろん聖金曜日です」と彼女は言い，そして「ただしその日にあなたが患者たちと会うのであれば別ですが」と付け足しました。

　この小さな実例は私たちに多くのことを教えてくれます。つまりこの患者が分析者との関わりを必要とし，それを尊重しているだけでなく，彼女にとっていつでもセラピストに会うことができるということ，あるいはおそらくセラピストが彼女だけと例外的に会うこと，あるいは彼女がセラピストの「休日の生活」を一緒に過ごす仲になれるかもしれないこと，あるいはセラピストが彼女に会えずにさびしがるということなどについての，部分的には意識的な願望の証拠も見いだすことができます。この後の方の願いは「どの休みですか」という質問により満たされないものとなってしまいました。私はまたこれが彼女の治療の最初の年だということを述べました。長期間におよぶセラピーでは，異なる時期に休暇による中断の引きおこす患者の反応を知る機会となります。ある患者にとっては，最初の休暇はそれほど感情を喚起されません。それは患者たちがセラピーに完全に愛着をもっているわけではないので，自分達はそれなくしても容易にやっていくことができると信じているからです。しかし別の人にとっては，最初の休みは破局的なものとなり得ます。治療が進んでいくにつれて患者が私たちの休みにどのように反応するかは，普通彼らが問題のワーキングスルーのどこにいるかによって，また転移感情の深さにおいて変化していくものです。もし患者が，これまで誰とも共有しようとしてこなかった何かについて話している場合は，その中断は自分達を煩わせてきた何かをワーキングスルーしたばかりの人とは異なって感じられるでしょう。もし患者がセラピストに怒っているならば，彼らの反応はセラピストと恋愛をしていると思っている患者とは明らかに違うでしょう。しばしば休みは転移の理解に新しい情報を与えてくれます。私の経験では，患者が私たちを置いて行く場合にはそれほど

反応を起こさないようです。ただ私たちが彼らを置いて行く場合だけなのです。

上記の点に気付いていることは，患者が辛抱強い作業同盟を発展させることを助ける上で重要になります。

防　衛

Fernando（2009）は防衛を「なんらかの精神内容――願望，感情，判断などについて意識的な気付きや，行動による表現から遠ざけようとする心的反応あるいはプロセス」として定義しました。彼は日常的に用いられる多くの防衛の動機と力動を描写しています。私たちの目的にかなうように，臨床作業の中で早い時期から識別可能な防衛について詳しくみてみましょう。

抵抗は患者の中にある，精神力動的セラピーの手順とプロセスに**抗う**あらゆる力を意味する一般的な言葉です（Greenson, 1957）。抵抗は治療が進むにつれて大なり小なり表れて来ます。

精神分析入門（1917）でフロイトは書いています。

> しかし，いつもいつもこんな晴れの日ばかりではありません。ある日，空が曇りはじめます。治療に困難が出て来ます。患者は，もう何ひとつ思いつかないと言い張ります。患者の関心がもはや分析作業にはなく，患者が，思い浮かんだことをすべて話さねばならず，これにいかなる批判的留保もしてはならないという課された規則を，やすやすと無視していることが，じつにはっきり見てとれるようになります。（中略）どうやら何かに心を奪われているらしく，それを頑なに自分だけのうちに留めておこうとしているようなのです。　　　（フロイト全集第15巻，p. 532，Freud, 1917, p. 440）

こうしたフロイトの説明は，陽性であろうと陰性であろうと定期的に噴出し，セラピーの滑らかな進展を邪魔する患者の転移に関係しています。

Castelnuovo-Tedesco（1991）は変化することへの恐怖は，分析的に方向づけられた治療的努力の全体の中枢であり，抵抗として臨床的に表れるものは，この恐怖の表現としてまた結果として生産的に考察されるかもしれない，と述べています。

抵抗はいわば防衛の外側のレベルとみなされることができます。Fernando (2009) はセラピストが抵抗から防衛へ，そして防衛の内的作業へと深めていく方向で解釈をする時，それは私たちが具象から抽象へと動いているということではなく，推論の連鎖に沿って，観察しやすいものから始めるのだと述べています (p. 291)。抵抗としての形をとり，そのように機能している防衛は以下のものです。いくつかを挙げてみると，抑圧，否認，知性化，反動形成，打ち消し，攻撃者への同一化です。これは完全なリストではありませんが，これらに精通していると，患者とこれまで以上に深く作業をするときに出会うことが予測される事態を理解する助けになるはずです。これらの，しばしば無意識でも頻繁に使われる防衛の手短な定義を続けます。よく見られる防衛の表れを扱うことについては第6章で改めてとりあげます。

抑圧 repression は最早期の防衛のひとつであり，患者の自分自身についてと自分の行動についての見解とは両立しがたい思考と感情が，意識に入り込まないようにしておくこと，すなわち無意識に留めておくことです。セラピストがそのかすかな兆候を捉えて，ゆっくりと言葉をかけたり解釈したりすることによって，患者に合ったペースで患者がそれを意識化するのを助けるまで，患者はこの望まない感情に接近することはできません。

否認 denial は気付きから物事を遠ざけておくために採用されるもうひとつの防衛です。それは無意識的かもしれませんが，素材は普通抑圧の際よりも表面に近いので，それをみつけるのはセラピストと患者双方にとって，もっと簡単なものです。私がしばらく面接をしていた男性患者は，職場での深刻な問題を繰り返していました。彼は，今の仕事では以前のような同じ間違いをすることはなく，上司は自分に本当に好意を持っていると感じるとしばしば語っていました。彼が休暇の前の最後のセッションに来て，クビになったと報告するまで，私は用心してはいたものの気を許していたのでした。彼の否認という防衛は，仕事において機能できないという現実を意識化することに対して向けられていました。この防衛を使うことでこの男性の自尊感情は損なわれず，また失業するという屈辱を恐れて不安になることがないように彼をしむけていたのでした。この事例では防衛はまったく適応的ではありませんでした。

知性化 intellectualization は，患者が今起きていることを感じ取る代わりに，

頭の中だけで分析や解釈することに苦心している証拠です。研究者のように仕事で頭脳を使う人は，この防衛を使う傾向が強いのです。また心理学の入門コースで勉強している患者の場合には，痛みを伴う感情から遠ざかるために（しばしば不適切な）専門用語を使うかもしれません。

反動形成 reaction formation は実際に感じていることと正反対のことを示唆したり言ったりすることを意味します。例えば好きではない人に対して自分が過剰に友好的になっていると気付く患者がいます。本当に怒り狂っている時に優しく柔らかい声で話す患者もいます。

打ち消し undoing はそれが意味する通りです。例を挙げれば，「あなたのヘアスタイルは気に入らないですね……でも短くするのが夏には流行なのでしょう」。私たちは，相手が気付かずにいてくれるよう，そしてうっかり滑り出てしまった感情が打ち消されるのを願って，受け容れ難いと思われる発言，行動，思考さえも撤回しようとします。

攻撃者への同一化 Identification with the aggressor は自分を傷つけた人に同一化する（自分自身のある側面を作る）時に生じます。この防衛は虐待されてきた患者によって使われることがあり，彼らはそれゆえに，必ずしも正確には同じやり方ではないにせよ，今度は他者を虐待するのです。

私たちが患者のことを知るようになるにつれて，性格特性によって彼らがある種の防衛を好んで使うことがわかり，抵抗の期間はこうした防衛が観察されます。例えば，セラピーでの探求に抵抗している時，否認を使う傾向がある患者は特に楽しそうにするだろうと思われます。彼らは幸せな子ども時代を過ごし，両親は素晴らしい人達だということになるでしょう。（誰もこれを信じないし，患者すら信じていません）。怒りを直接表現できず，それを伝えるのに受動的なやり方をする人は，セッションに遅刻し続けたり，黙って座り続けるかもしれません。深刻なトラウマをもつ人は，外傷後の健忘（抑圧）によって，詳細を「忘れて」しまうかもしれません。自分よりもうまくやっている友人をいつも誉めている人は，反対の情緒で嫉妬や嫌悪を隠しているかもしれないのです（反動形成）。「この婦人は大げさなことばかり言うと私は思う」（ハムレット）

こういう種類の行動は治療の間ずっとごく自然に生じてくるかもしれませ

ん。それがセラピーの進行と目的を妨げるように使用される時にはそれについて指摘されることになります。抵抗は意識的かもしれませんし無意識的であるかもしれませんが，通常は情緒，態度，行動として表現され，時には行動に対する情緒の矛盾によって表現されるかもしれません。特に転移が陽性でも陰性でも強烈で，動きようがない時は，それは治療にとっては重要であるにせよ，抵抗として見なされるでしょう。

　患者が約束をキャンセルした時，あるいはセッションを忘れた時はいつでも，その理由がどれほど妥当に見えたとしても，セラピストは患者の抵抗の可能性を考えねばなりません。抵抗が無意識であるかもしれないこと，すなわち患者がそれに気付いていないということを覚えていれば，患者の防衛的な行動に「正当な」理由がある以下のようなすべての例において，抵抗が疑われるべきです。大事な会議に呼び出されてしまったと，ぎりぎりになって電話をしてくる患者。無計画な休暇をとる患者。友人や家族によって自分の時間が損なわれるような状況にいつも自らを置いてしまい，それによってセッションに遅刻したりまったく忘れたりする患者。前にも述べましたが，沈黙して「何も言うことがない」患者もまた振る舞いで抵抗の過程を知らせているかもしれません。セラピーにおける沈黙は第5章でさらに検討されます。

　患者の生活にほとんど関係のない，あるいは全く関係のないセッション外の人びとに会話の焦点をあてること（例えばボーイフレンドといざこざを起こしている友達のことを語ること）もまた抵抗に等しいものです。もちろん患者がこれを使って遠回しに彼ら自身のことを語っているのでなければ，ですが。この種の作業からの逃避は，しばしばセラピストが「あなたはなぜ今このことを話しているのでしょうか？」と言うことによって扱うことができます。この介入は流れを遮り，患者に自分の行動を吟味させ，痛みを伴う素材について話し合うことを回避する典型的なやり方について教育するという作業を二次的に達成するかもしれません。セラピーの外で行動化することは（例えば，恋愛沙汰やセラピーを頓挫させるような危機状況が突如として起こること）は，転移の項目で検討した通り，セラピストに向かう激しい感情の回避を示しているかもしれません。もちろん，患者を治療へと導いた問題の周辺になんの変化もないという患者の執拗な不平もまた無意識の抵抗を伝えているかもしれず，患者と

セラピストの双方ともにとって極度のフラストレーションとなりえます。

ドナルドは分析に非常に興味をもっていましたが，いくつかの恋愛関係の破綻の後にセラピーに訪れました。作業を始めた直後に彼は新しい恋愛関係を始めました。これは本当にうまく行きそうだと彼は思いました。その新しい女性は同僚で「同じ言語を喋り」，あきらかに彼女は彼の仕事についての不安をよく理解してくれました。この関係が 6 週間続いた後，彼女は家族が出席するイベントに来てくれるようにと彼を誘う留守電を残しました。彼はそれに返事をせず，そればかりかそれ以後の彼女からのいずれの連絡にも返事をしませんでした。彼は私が彼との作業に失敗したと言い張り，今や将来があったはずのたったひとつの関係を失ってしまったと語りました。こうした出来事が起きた時には，私たち自身に，そしてもちろん患者に，関係を持たないことがどのような目的にかなうのだろうかと問いかけることはいつでも役に立ちます。この質問は大多数の人にとってそれぞれまったく異なる視点を与えますが，それは彼らのふるまいの防衛的，すなわち保護的な特質について考えることを余儀なくするからです。この事例では，度重ねたセッションの後に，彼の人生には母親以外には女性がいてはならないということを暗に意味するような巧妙なメッセージが，母親によって与えられていたことがわかったのでした。これはこの治療のごく小さな一部分です。ここで私の示したい点は，もし私たちがある行動を防衛的であると考えたなら，その防衛の背後にある動因，つまりなぜ患者は保護を必要とするのかを考えることができるということなのです。

患者が感情に巻き込まれること，あるいはそれが欠如していることは，しばしば振る舞いの防衛への手がかりにすることができます。これは主として，患者が話し合いをしている事柄について過剰に情緒的になる時であり，重要に思えるトピックについてほとんど，あるいは全く感情がない時，あるいは患者の情緒が話していることがらの内容に矛盾していたり，ふさわしくない時です。

治療の中での防衛的態度について，患者にこれまでより意識的になってもらおうとしている時に，サイコセラピーの技法に関しては少なくとも 3 つの考えるべき重要な問いがあります。

1. **前のセッションについて**，そして現在のセラピーの内容について**考えてみ**

ましょう。現在の問題点は以前に持ち出されたトピックと関連があるでしょうか。患者はこのようなコメントでセッションを終えてはいなかったでしょうか。「次回はセックスについて話したいと思います」。次のセッションでそれを追求することが非常に難しくなると思われるような痛ましい，あるいは気恥ずかしい素材を，彼らは開示していなかったでしょうか。あるいは振り返ってみて，聞いたことに対して患者が望んでいたようには反応していなかったかもしれないこと，つまりいわば，共感の失敗や，特に非常に刺激的な素材に対して期待にそむくような反応がなかったでしょうか。
2. **転移について考えてみましょう**。転移とはすなわち，あなたの患者が治療のこの時点であなたに向ける反応です。例えば，もし患者がセッションに遅刻し続けたなら，あなたが過去の誰かであるかのように反応しているのではないでしょうか。あるいは難しくて話し合えないようなことをあなたについて感じていると言おうとしているのでしょうか。この時の転移についてのあなたの本能的な感覚がどのようなものであっても，ひとたび何かがおかしいというコメントが受け容れられたならば，それを患者と一緒に明るみに出すことができるでしょうか。
3. **患者の面接室外での生活の文脈での防衛について考えてみましょう**。彼らは他の親しい関係において抵抗を示す傾向があるでしょうか。他者にむかって特に親しく，あるいは温かな感情を持つのはどういう時なのでしょうか？　あるいは彼らが怒りを感じるのはどういう時でしょうか？

多くの初心のセラピストは，抵抗のように見えるものについてコメントをするようにスーパーヴァイザーから促されると，こうした種類のコメントや解釈を患者が非難や批判として体験するのではないかと恐れているため居心地が悪くなるものです。しかし示唆は，「おやおや，今日も遅刻ですか？」というように患者を激しく非難するようになされるものではありません。セラピストによって事前に注意深く考え抜かれ，良いタイミングでなされるコメントと同じく，抵抗の解釈もサイコセラピーでの彼らの行動について明らかにすることばかりではなく，他の生活状況での行動への洞察を得ることにおいても，患者にとって**役立つもの**となるのです。

行動が抵抗に見える時に患者にそれを知らせないことは害を与えることであり，作業の道のりを妨げています。

解　釈

　この問題は私たちを解釈の話へと導きます。通常患者が治療に抵抗している間，あるいは防衛的である間，もしくは激しい転移反応で苦しんでいる間に，私たちがそのことに触れずに黙って座っていることはありません。その時に患者があまりに脆弱で口を挟むことができないと感じる場合にはその限りではありませんが。解釈はセラピストによって患者の行動の裏に隠れている原因を明確化し理解するのを助ける介入です。精神分析では，解釈は通常セラピストの持っている最大の決定的な手段であり道具であるとみなされています。他の発言，例えば共感的な映し返し reflection は解釈のために患者の準備を整えたり，解釈を膨らませたりするもの，すなわち繰り返して心に叩きこむ hammer it home ものなのです（叩き込む hammer というのはちょっと強すぎで，いくらか「打ち消し」を必要とするかもしれません）。物事を理解する主要な方法として解釈を与えることは，分析と分析的サイコセラピーを他のすべてのセラピーと区別するものです。

　解釈を，その最も厳密な意味において行うことは，無意識の現象を意識化することです。解釈は，ある出来事の来歴と源を含んでいるはずです。解釈することによって，私たちは直接に観察できるものを超えて，心理的現象に通常は意味と因果関係を割り当てます（Greenson, 1967）。解釈はしばしば一度ならず必要であり，十分に耳を傾けて受け容れられ，患者によって取り扱われるように（上述の「繰り返して心に叩き込む」として述べた事柄を参照）治療の過程では何度も与えられる必要があるかもしれません。何よりも私たちは，解釈が患者によって真実で意味があると感じられるために，そしてより重要なことには，私たちの仮説が不正確であればそれを正すために探っているのです。

　Laufer（1994）は解釈を定式化する過程を，真実から体験への動きとして描いています。患者とセラピストは自分達のしていることを定義する異なる方法を持っているのかもしれません；一例を挙げれば，セラピストは次の事柄に

ついて話します。

> それらは「患者の不安に従って」「経験的自己に向かって」「現在の無意識を取り扱いながら」あるいは「患者の原初的不安に向かって」である。そしてこれらすべてに共通しているのは（中略）患者の経験を通して真実へと近付く道への探索であるように私には見える。なぜならば私たちはこれを，私たちが言わねばならないことを患者にとって近づきやすくする道を作ることだとみなしているからである。　　　　　　　　　　（Laufer, 1994, p. 1093)

　フロイトは，解釈という語を**夢の解釈**（1990）に関して初めて使用しています。この時，解釈は一方向のプロセスとしてみなされており，そこでは患者が夢の潜在的，あるいは隠された意味と言われるものを理解するのを助けるために，セラピストは自分の知識を活用します。この本の序論に述べられているように，現在の私たちは解釈を双方向のプロセスとみなしています。夢に関して，私たちはまずその内容についての患者の連想を問い，そして特定の夢の意味ある解釈と思われるものを共に形づくります。

　ひとつの解釈は通常ふたつの次元を持っています。最初の次元において，セラピストは患者が言ったことについていつもと違うことや矛盾すること，あるいは患者が報告している情緒的な状態とセラピストに対して実際に見えているこの情緒のあり方における食い違いについての**言及** observation を行うかもしれません。例えばセラピストはこんな風に言うこともあります。「怒っていると仰っていますが，あなたは微笑んでいますね」。あるいは行動について「あなたはここ2回のセッションに遅刻していることに気付いていますか？」

　二番目の次元は，いつもと違う発言や行動あるいは反応の**原因**について，それらと，患者の過去の出来事や治療状況での最近の出来事とを結びつけることによって，提案や仮説を試みることかもしれません。それはミラーリング，共感的同調，穏やかな直面化そして再構成の努力，患者の物語の断片を互いに結びつけようとする試みと組み合わされて提示されます。

　私はいつでも解釈は仮説，情報に基づいた推察として，患者の問題のある感情，思考，振る舞いについての説明もしくは定式化として患者に提示されるものとみなしています。私はしばしば「これはまさに正しいとは言えないかもし

れませんが……」とか「これは仮説にすぎませんが……」あるいは「私に思いついたのはこんなことです。あなたもそんな風に見えませんか？」などと言います。私は患者に参加したり，修正したりするように勧めたいのです。解釈は表面（患者に分かっていること）から深みへと進んでいくような，仮面を取ったり，あるいは解読したりする活動であり得ます。それは素材に意味を与えることや変化をひきおこすことのできる洞察を導くのみならず，セラピストの思考と定式化を患者へと伝えることができます。

　私たちの知性に私たち自身ほどには患者が感銘を受けていないことはしばしばあることで，その時彼らはまだ私たちの解釈を受け容れる準備ができていません。（私たちにとって幸いなことに，これもまた解釈できるのです。p. 30 に述べられている抵抗を参照）それに加えて，解釈を受け容れないことは以下のことを意味しているかもしれません。①解釈が不正確である，②セラピストのタイミングが悪い，③患者が解釈の言葉を理解しない，④患者は敵対的な人で，どのセラピストからのどんな解釈も受け容れようとしない，⑤患者が解釈に対してそれがあたかも批判であるかのように反応する，⑥患者が転移反応の渦中にあって，実のところ解釈をあたかも誰か他の人（例えば母親，父親）からのもののように聞いている。上記のどれも相互に排除しあうことはありません。適切な時にあなたの仮説を再度検証することによって，あなたの解釈が正しかったのかあるいは部分的に正しかったのか，それとも的外れだったのか，そしてそれが何故かを追って解明するのがコツです。この作業の一部はあなたの頭の中で知的になされますが，大部分は患者との同盟においてなされます。

　私たちは何を解釈するのでしょうか？　精神分析的セラピーと精神分析においては，患者が向けているようにみえる転移と患者が使用しているようにみえる防衛を，私たちはまっさきに，そしてなにより最も重要なこととして解釈します。夢，沈黙，行動，そして非言語的な手がかりさえも解釈の役に立ちます。解釈のタイミング，あるいはセラピストからのどのようなコメントも，患者がそれを聞くことに用意がある時に与えられるべきです。

　Gabbard（2010）は，原則として，セラピストは転移の解釈を患者の気付きに接近するまで先延ばしするべきだと述べています。もし解釈が早すぎれば，患者はそれに関わることができず，誤解されたと感じるかもしれません。「ひ

とつ役に立つ諺がある。解釈はそれを言語化する前に定式化し，4回考えるべきであるということだ。」(p. 76)

あてはまりそうな説明や解釈を患者に提示した時，あなたが求めている反応は以下の様なものでしょう。「ええ，その通りです！」。そして同様な考えや感情の例がその後に続いた時は，あなたは正しいコースにいるということです。そうしてうまくいかなかった時にも，私たちは患者が「いいえ，それはまったくそうではありません」と気兼ねなく言えるだけの十分に強固な作業同盟を持っていることを望んでいます。そしてその時は，私たちと患者はふたりで再度試みるのです。

ワーキングスルー

この概念がしばしば誤解されているのは，それが患者が過去のトラウマやその他の痛ましい体験を語り直し，体験し直し，再構成し，それにある論理を適用するという，単発的な体験であるように考えられているからです。しかしこれは事の一部にすぎず，実際のところこれには治療的な忍耐，そして辛抱強い忍耐 patient patience が必要となってきます。ワーキングスルーは**反復**を意味し，実際に特定の問題について患者が理解することや洞察を得ることの過程を繰り返すのです。Gabbard（1990）が述べているように，「セラピストによって与えられる解釈は，滅多に『あ，そうか！』という反応ととともに劇的な治癒となることはない。一般的には，洞察が患者の意識的な気付きへと完全に統合されるまでには，異なる文脈においてセラピストによってしばしば繰り返されることが必要なのである。」(p. 83)。あなたと患者はふたりの間で，患者の問題の主要な部分への新鮮な理解を同時にもたらすパズルのピースとなる重要な洞察に到った時には，恍惚を感じるかもしれません。しかしこの洞察は次のセッションまでには「忘れられて」しまうかもしれないし，あるいはその間に患者がそれについて考えたり，セッション外で誰かに話し直す中で変化してしまうかもしれません。

精神分析的サイコセラピーを実践するプロセスにおいて，あなたが何度でも繰り返し学んでいくひとつの原則は，人間というものは自分のどのような一部

分でも変化させることに想像できないほどの困難を持っているということであり，それは自分たちにとってより良い変化に見えるか否かに関わらず困難なのです。それゆえ，しばしば洞察のすぐ後を追いかけるようにやって来るのが抵抗です。しかし心しておかなくてはなりません。あなたが学ぶもうひとつの原則は，問題は，もしそれが大事なことであれば，ふたたび表面化するであろうということです。あなたがすべきことは待つことです。あなたが同じ解釈や理解をわずかに異なる角度から患者に提供できる次の機会は訪れるでしょうし，あなたはその時にワーキングスルーのプロセスを**始めて**いることになるのです。

　その問題の登場が3回目，あるいは4回目になった時には，嘆いたり，次の様に考えたりしないことです。「この件はすでに扱ってきたと思うけれど」。ここで重要なのは，この問題が再び登場してきた文脈を理解することです。なにか新しい情報があるでしょうか？　患者はあなたがはっきり聞いていないと感じてきたのでしょうか？　患者はこの特定の洞察を受け容れることに抵抗しているのでしょうか，あるいはこれをその度ごとにまったく新しい考えだと体験しているのでしょうか？　いずれにせよ，あなたはもう一度チャンスを与えられ，患者の体験に対するあなたの感受性と創造性の双方がここではたらき始めることが求められているのです。

　うまくいったワーキングスルーは，患者のこの問題についての作業が終了してしまうか，あるいは患者と環境の限界を考慮した上で常識的に期待されるだけの作業が行われ，このプロセスから得られた理解が患者の考え方の統合された一部となり，そのためにその問題がもはや同じようには煩わしいものとは体験されなくなることを意味しています。問題がワーキングスルーされたかどうかのひとつのテストは，もしあなたの患者が今セラピーを始めようとしているとすれば，特定の問題は主訴としてはっきり述べられるだろうか，と自らに問うことです。もしそれが適切に思われるなら，あなたはこの質問を患者にも向けることができます。

　以上のすべては，完全ではないものの，精神力動的サイコセラピーという分野の中で用いられる初歩の用語集であり，以下の章を理解し，それを利用できるものとするために読者に基礎知識を提供できることを願っています。

第2章
始まり

　セラピストとしてのあなたにとって最初の患者に会う場合でも，あるいは新しい患者に会おうとしている場合でも，この初めての出会いを待つふたりの人間にとって，そこには必ずなんらかの不安があります。驚くべきことに，患者に出会う前にもあなたは自分の逆転移という熱を計り始めることができるのです。病院であろうと，クリニックあるいは個人開業であろうと，この特定の状況にいることについて，あなたは何を感じているでしょうか？　必死にケースを探しているのでしょうか，それとも面接予定の患者の数にすでに圧倒されているでしょうか？　その患者を紹介してくれた人は同僚でしょうか，がっかりさせたくないスーパーヴァイザーでしょうか，あるいはその人は「良い」紹介をしてくる人，あるいは「悪い」紹介をしてくる人として知られていますか？

　患者についてすでに耳にしていることはどのようなことでしょうか，そしてそれについてのあなたの反応は？　個人の情報，あるいは生育上のどんなデータでも，そこにはそれを伝えてくれた人の口調が上乗せされて，存在するものです。このケースについてスーパーヴァイズしてくれることになっている人へのあなたの気持ち，恐れ，そして期待はどのようなものですか？　職場の他のセラピストと競争的な気持ち（例えば誰が一番良い患者を持つか，あるいは最も難しい患者を持つか）を感じますか？　この時点でのサイコセラピストとしてのあなたの自信はどうでしょう？

　このように，ひとたびサイコセラピーの患者の紹介を受ければ，すでにとても多くの要因が動いています。患者に会う前でさえも，上に挙げたようなことすべてに，あるいは少なくともいくつかに影響を受けるということに，初めは圧倒されるように感じるかもしれません。しかし実際には，こうした可能性に

気付いていることは最大の助けをもたらすのです。新しい患者と初めてコンタクトを取る時に，スーパーヴァイザーあるいは同僚と事前に話し合う機会があれば，こうした要素がセラピーの進展に伴ってどのように影響を及ぼし続けるか，はたまた影響を及ぼし続けることがあるのかどうかに気付くことができます。

初回面接

待合室で患者に挨拶する時は（できればどの人がその患者なのかを知っていることが望ましいのですが），患者が来ることを期待され，歓迎されていると思えるように，その人を名前で穏やかに呼ぶのが一番よいでしょう。次に，患者が正しい場所に正しい時間に来たことがわかるように，あなたが自己紹介をします。この時，私はいつも握手をします。あなたが名前を使うか苗字を使うかについては，セラピーが進むにつれて患者がどちらに居心地のよさを感じるかに任せることにしています。どちらを好むかは，彼らの年齢や，セラピストに親しみを感じたいと思うか，あるいは親しみを持つことが心地良くないのか，治療に来ることに対する気持ちなどによるでしょう。そこで，最初の自己紹介では，私は苗字と名前を伝え（例えば，「こんにちは。私がセーラ・アッシャーです」），どちらで私を呼ぶかは彼らが選ぶことができるようにします。

個人的には，私はどちらでも居心地はよいのです。もし患者が私を苗字で呼べば，関係を明確にして境界をはっきりすることに役立ち，セラピーが進むにつれて，その境界があることによって安心感を覚えるかもしれません。多くの心理研修生 intern は患者に名前で呼んでほしいと思うものですが，それは名前を呼ぶことで平等な感覚が醸し出されるからでもあるし，また Mr. とか Ms. と立派に呼んでもらうほどには訓練や技術に自信がないからでもあるでしょう。医師のインターンや精神科のレジデントは，それに比べるとより多くの人が初めからすぐに自分たちの苗字に Dr. を付けます。この場合，それは新米と思われないための防御として役立つのかもしれません。心理士はしばしば博士号を取得すると進んで Dr. を使うようになります。

患者に挨拶をする時には，そこにある程度の社交的な側面を持たせるべきで

す。笑顔で彼らを歓迎しましょう。会えてうれしいこと，今回が初めてであれば，彼らがオフィスまで来られてよかったことを告げます。こんにちは hello，と言った後で，ご機嫌いかがですか how are you ？とは聞きません。なぜならそれは，オフィスにたどり着く前にセッションを始めてしまうことになるかもしれないからです。あなたが彼らに，いかがですか，と問うのは，本当に彼らがいかがな状態なのかを知りたい時であり，両者が席に着いた後，聴く準備ができてから質問するのが最もよいでしょう。かといって親しく振る舞うことを怖れることはありません。例えば，もし患者が天気のことを口にしたら，もちろんそれに応えてよいのです。彼らが今日の気分を尋ねてきたら，私はいつでも「良いですよ fine」と応えます。患者は自分のセラピストがたった今とても痛い歯の治療を受けて来たばかりだとは知りたくないものです。それを知らせることは患者にとって重荷になるでしょう。あなたが黙ってしまって普通に礼儀正しい応答をしなければ，患者は無視されたと感じて，あなたをとても冷たい人だと思うか，すでに自分は好かれていないと感じるかもしれません。通常，世間話はふたりが待合室からオフィスに入るまでの時間におさめるようにします。

　オフィスに入ったら，患者がどこに座るのかをはっきりと示します。古くさい陳腐なコメディがあります。セラピストと患者が4つの椅子のあるオフィスに入って来ます。セラピストは何も言わないのですが，患者がそれらの椅子のどれかに向かうたびに，セラピストは「なるほど！」と叫ぶのです。患者はとうとう自分のすることに意味をもたないことはないと感じて，立ったままでいることにするのです。

　ふたつの椅子が，ふつうの社交場面よりも少し離れている程度で，会話のできる距離に互いに向かい合わせてあるのが，サイコセラピーのためには最も良いでしょう。人によっては，患者と真正面から顔を合わせることのないように，ちょっと角度をもたせる方が好きな人もいます。セラピストはデスクの後ろに座るべきではありません。患者との間にあきらかな障壁をつくるからです。

　初回のセッションの目標は，必要なことが話せるように患者をできるだけ居心地よくすることです。そしてあなたの仕事は，彼らを悩ませていることについて，できるだけはっきりと理解することです。先に述べたように，すでに逆

転移感情は起こっているかもしれません。同様に，患者の中にもセラピーの状況とセラピストとしてのあなたに向けられた無意識的（そして意識的）反応の中の転移感情と抵抗が，待合室にたどり着くずっと前にできあがっているかもしれません。治療を受けることについて，あなたに紹介されたことについて，あなたのオフィスや病院やクリニックの場所についての感情，怖れ，そして期待のすべてが転移のきっかけになるのです。

　セラピストのオフィスの場所（それは患者が外来治療のために通っていた病院でしたが）について患者が抱いた感情と，こうした認知が治療の経過に影響した一例を挙げてみましょう。

　エドワードは39歳のビジネスマンで，私がスーパーヴィジョンをしていた学生に治療を受けていたのですが，結婚生活の過酷なストレスと同僚との対人関係の難しさのために治療に訪れました。彼は非常に不安が強く，防衛的で頑なで，いくらか自己愛的なタイプであり，心について考える力 psychological mindedness に乏しく，サイコセラピーの必要性について明確に語ることができない人でした。初回面接の時間中，エドワードは最近死んだ父親がこの病院で治療を受けていたことを話していました。その父親と彼は大人になって初めて，とても親密な関係を築けたのでした。

　エドワードが父親について話した時，セラピストは彼の父親に対する強く未解決な愛情のこもった思いやりのある感情を聴き取ることができました。彼はそれをこれまで表現することができず，今に至ってもぼんやりとほのめかすことしかできないのでした。死んだ父親は重篤なうつ病で，私たちの病院の精神科入院病棟で治療を受けていました。エドワードは，当時父が受けたケアが「彼の命を救って」いたと述べました。彼はまた父親がスタッフである精神科医のひとりと「友達」になっていた，とも語りました。

　こうして，最初のセッションの始めに，エドワードがこの病院に治療に来たことには大きな意味があることが明らかになったのです。彼はそれに関して死んだ父親に同一化しており，また自分もセラピストと「友達」になりたいという言葉にすることのない希望があったかもしれないのです。おそらくある部分はこの語られない目標が不幸にして叶わなかったために，また別の部分は彼のパーソナリティのために，この患者は2年以上も治療を続けていながら，自分

の男性セラピストに温かな愛着を持つことがほとんどできませんでした。友達になりたいという彼の希望をセラピストが満たさずにいるようだということが何度か伝えられましたが，エドワードはそれを聞こうとはしませんでした。それでも彼はセッションに早くから姿を見せ，症状も改善しました。セラピーは，彼がこの特定の病院に助けを求めて来るということによって，その死を非常に悲しんでいる父親との同一化を行動化する機会を与えてきました。共感的に聴くというセラピストの能力は，彼がこの重要な喪失を表現し，扱うことを助けたのでした。

　初回面接では，患者の方が口火を切ることもありますが，普通はセラピストが話を進めていくことになるものです。あなたが知りたいのは，なぜこの患者が治療に来たかということであり，患者を防衛的にしないようにして聴く方法はたくさんあります。あなたはすでに患者が廊下やオフィスの何かに反応していること，患者が極度に不安になっていること，あるいは涙を堪えていることに気付いているかもしれません。こうした手がかりは，セッションをどのように始めるかを決めるのに役に立ちます。初回面接で席に着くなり泣き出した患者たちがいました。安全な場所で，ようやく誰かが自分の話を聞いてくれると分かったことが，長らく溜め込まれていたそのような感情をあふれ出させるほどの安堵感を彼らに与えたのです。ある患者は最初のセッションに来る途中でちょっとした車の事故に巻き込まれ，そのために遅刻して来ました。彼女は私道からバックで出る時にとても不安で，別の車にぶつかってしまったのでした。また別の患者は，私が前の患者とのセッションを終わろうとしている時に，実際にドアをノックして，こう言いました。「私は入らなければならないのです」

　このふたりの患者にとって，セッションを始めるために多くのせりふは必要なかったようです。しかし大抵の患者にとっては「誰かと話したいと思ったのは何故なのかを教えてください」「何が起こったのかを話してください」と言うことは，あなたが知りたいと**望み**，聴く準備ができていることを示すのにふさわしいやり方です。「何故ここにいらしたのですか？」と問うことは患者を居心地悪くさせるでしょう。彼らは「このセラピストは私がここへ来るべきではないと考えているのではないだろうか」あるいは「何が自分を悩ませているか，私はおそらくちゃんと話すことができないだろう」と思うでしょう。

もしあなたが自分の役割をうまくこなせば，次に聞くべきことは**主訴**もしくは**現在起きている問題**です。これらの呼び名は医療に由来するものであり，患者の素材とあなた自身の考え双方をまとめるのにとても役立ちます。例えば，第1章で登場した42歳のベティという女性の場合には，私が5分遅れたことに激しく怒ったのですが，現在起きている問題もしくは主訴は，能率よく働けなくなるほど病的に上司を怖れているということでした（もちろん，セラピーが進むにつれて，彼女の独裁者のような上司と猛烈な父親とのつながりを見て取ることができました）。

　初回のセッションの大部分を，そしてそれがふさわしいようならば2回目のセッションの一部も主訴を探索することに費やされるべきです。患者が**どのくらいの間**この問題に苦しんできたか，それが**いつ**から始まったのか，それが始まった**状況**について，それらを知ることが理屈にかなうのであれば重要です。この人がなぜ**このタイミング**で助けを求めに来たのかということもまた重要です。先の例では，ベティは強く不安を感じ続けたので，数週間にわたって実際に出勤もできなくなっていました。友人達がセラピーに行くように勧めたのです。どこかの時点で，患者が以前にもセラピーを受けたことがあるか，そして受けたことがある場合には，どのくらいの期間か，それが役に立ったのかどうか，そしてどのようにして終わったのかを知ることもまた重要です。

　新しい患者との初期のセッションは，患者のニードとあなた自身のニードとに払われる注意のバランスがとれていなくてはなりません。患者のニードとは彼らを悩ませているものの性質と細部を表現することで，これはもちろん最優先で最も重要なものですし，あなたのニードとは彼らの状況について十分な理解を得て適切な決定をくだすために理に適った情報を見つけ出すことなのです。

　多くがあなたの共感的に聴く能力，つまり，患者の視点から現在の問題とその歴史を聞くという能力にかかっています。初心のセラピストは多くの場合，患者の話を**聴く**ことがどれほど難しいかに驚きます。聴くことは，そもそも学校で教わる技術ではありません。ましてや，あるいはおそらく特に大学院ではそうでしょう。聴力に障害がない場合，私たちは自動的に聴くことを知っているはずです。しかしあらゆる状況において，他の人が言っていることを聴くの

を妨げる要素はたくさんあります。そして，こうした要素がセラピーの状況では拡大される可能性があります。セラピストは患者のもたらすものによって集中砲火を浴びているように感じるかもしれません。彼らの外見，もちこまれる多くの問題，患者の情緒の激しさ，患者があなたにどのように応答するか，信用しているのか，していないのか，そしてもちろんセラピストがスーパーヴィジョンを受けている場合（第8章に述べられる）には初回面接についてスーパーヴァイザーはなんと言うだろうかとあれこれ考えること，などです。

　あなた自身の反応のすべて（すなわち例えば逆転移）が，聴き方に影響を及ぼします。例えば患者を気の毒だと思うことは，初期の頃のセッションでは，患者の話を聴くあなたの能力を妨げるでしょう。また，患者の力動を知性化し理論化することは楽しいかもしれませんが，この練習に早々に耽ってしまうことは，患者が言わねばならないことを余すところなく聴くことを必ず妨げるでしょう。

　音楽にいくらか馴染みのあるセラピストは，そうでない人よりも患者の話を楽に聴けるかもしれません。というのは，その人達はリズムや音の流れを聴くことを習っているからです。セラピストは言葉とその音楽の両方を聴かねばなりません。つまり患者が言っていることの内容を聞き，その底にある情動（あるいは感情）を聞く，もちろん患者が言っていないことも聞くのです。セラピーにおいて聴くことは決して受動的な営みではありません。よく聴くこと，そして「ただ聴いている」セッションにあっても，その中で仕事をし続けることがどれほどエネルギーを要するかにあなたは驚くでしょう。患者はあなたに熱心に話しているように見えるでしょうか，それとも他人事のようでしょうか。患者が自分たちの生活の中の特定の人物や出来事について描写している時，感情の変化はあるでしょうか？　そしてもし感情が観察できない時は，何故なのでしょう。あなたの患者は，それが適切と判断される場合には，これらの観察の対象となるでしょう。

　最初の頃のセッションで得られるその他の重要な情報には，以下のようなものが含まれます。患者は構造を必要とするでしょうか？　あるいはそれに尻込みするでしょうか？　彼らはあなたとの依存的な関係をあまりに早急に作ろうとするようでしょうか（例えば，あなたが自分たちの問題をすぐに解決してく

れるだろう，とか，できるだけ頻繁に来る必要がある，などとほのめかす，など）？　大多数の患者はセラピストに好かれて受け容れてほしいと思うものです。あなたの患者の場合もそうでしょうか，そしてそれはどのように表現されるのでしょうか？　あなたが話しかけた時の反応の仕方はどうですか？　無視するのでしょうか？　あるいは貴重な言葉をことごとく吸い取ろうとするのでしょうか？

　初期の頃のセッションにおいて，それまでに患者がもたらした情報に基づき，可能性のありそうな見解や予備的な解釈を伝えてみて，彼らが心について理解する力をもっているかどうかの感触を探ってみることはしばしば興味深いことになるでしょう。例えばアリスのケースでは（「猫」p. 16 を参照），私は初回面接の中で，彼女が自分の家族の中での体験を，現在の友人や同僚との間の問題とそもそも関係があると考えているかどうかを尋ねてみました。もし彼女が「いいえ」と言えば，これは心について理解する力が欠けているか，またはいかなる問いかけにも抵抗していることを示しているに違いありません。もし彼女がすぐさま「はい」と言ったならば，私は，彼女がどんなアイディアも取り込もうとしすぎではないか，あるいは私の言うことすべてにすぐに同意しようとしすぎていると考えたに違いありません。このように言うと，その可哀想な患者は何を言えば正しいのか，疑問に思われるかもしれません。もし患者があなたの言ったことについてじっくりと考えて可能性を考慮し，その後でおもむろに賛成か反対かを表明すれば，これは良い兆候です。例えばもしアリスが私の問いかけ以上のことを汲み取って「そう思います。妹はとりわけ私を憎んでいて，私は彼女を憎んでいました」と言うならば，これは心理的に考えることと，物事を関連付ける準備ができていることを示していたかもしれません。

　もしあなたの新しい患者が**うつ病**の症状，つまり，疲労感，エネルギー不足，生活に関心をもたない，という症状を呈しているとしたら，以下の質問がうつの程度を見極めるためになされることもあります。

1. 睡眠に問題はありますか？　もしあるとしたら眠りに入るのが難しいのでしょうか？　夜中に目覚めてしまいますか？　朝とても早く目覚めてしまいますか？　目覚めた時に何を考えていたかわかりますか？　あるいはい

つもよりもたくさん眠っているのでしょうか？
2. 食欲はどうですか？　普通ですか？　最近体重が増えたり減ったりしていませんか？　もしあるとしたらどのくらいでしょうか？
3. いつもよりも涙もろいですか？　このことは何か特別なできごとと関係していますか？　それともただそんなふうになってしまうのでしょうか？
4. 一日の中で，他の時間帯よりも特に具合の悪い時間がありますか？　例えば早朝？　日中？
5. 気が付くとあなた自身のことや世の中の状況についての悲観的な考えに耽ってしまっていることがありますか？
6. すべてを終わらせる，つまり自殺することを考えるほど気分がすぐれないことがありますか？

　この質問は自殺の可能性はもちろんのこと，自律神経系の，つまり生物学的なうつのサインについてたずねています。もし強い自律神経系のサインが報告されれば，あなたはその患者が抗うつ薬治療の可能性を査定してもらうことを考えるべきです。
　もし患者が自殺念慮を明らかにした時は，彼らの自殺企図の可能性を見極めるために，あなたはそれを十分に探ってみる必要があります。こうした考えが心を占めているだけでなく，どの程度行動へとつながる可能性があるかを見極めるために役立つ質問には，以下のようなものがあります。自殺について考える頻度は？　いつごろからそのように考えていますか？　実際にどのように実行しようかと考えたことがありますか？　患者がどのように自殺するかをかなりはっきりと考えている場合には，あなたは以下のように尋ねなければなりません。薬を手に入れる方法がありますか？　銃については？　これらの質問への答えは患者がどの程度危険なところにいるかを見極めるのに役立つでしょう。
　自殺の可能性を見極めるもうひとつのポイントは，患者が過去に自殺企図をしたことがあるかどうか，そしてそれはどんな状況下だったか，です。もしあれば，危険はますます深刻になります。
　もし，まさにこの瞬間に自殺についての懸念があるならば，あなたはこの人

が自らを守ることを助ける責任があります。セラピストは「しばらくの間入院なさってはどうでしょうか？」と問いかけてみてもよいでしょう。ここまで具合が悪い患者のほとんどはこれに同意し，自分たちがどれほど苦しんだかについてやっと聞いてくれて，助けてくれようとしていることにほっとするものです。そして，どの緊急入院施設が自分のオフィスに近いかを知っておき，患者を送る前に電話で連絡をしておくことがあなたの仕事です。あなたがスーパーヴィジョンを受けているならば，必ずスーパーヴァイザーに相談をしなくてはなりません。もし状況が逼迫しているように見えれば，スーパーヴァイザーもしくは経験のある同僚に助けを求める間，患者に待合室で待っていてくれるように頼まねばなりません。

　初期のセッションの，より日常的な流れについての話に戻れば，セラピーにおける関係は，患者が経験する他のどのような関係とも異なるものなので，サイコセラピーのプロセスについて患者に**教育**し始める機会として最初のセッションを利用することは今後のために役に立ちます。私は患者に，セラピーの中では話したいことは何でも話すことができることと，彼らにとっては大事には思えなくても，彼らの心の一番上に何があるのかを聞きたいと思っている，と言うことにしています。また，彼らが私に期待できることについての一般的な考え方を伝えるようにしています。例えば一度オフィスに入ったら，世間話をやめることで，セッションの時間をそうしたことに費やさないことを示しています。私は初期の数セッションのできるだけ早い時期に，面接の頻度やセッションの継続期間についての情報を提供するようにしています。ここに来てどんな感じがしたかを尋ねることによって，セラピーを受けることについての彼らの感覚を知ることと理解することが重要なのだ，ということを示します。彼らの親しい人との関係，あるいはもし報告されれば，夢，そして彼らの感情や心配事について興味を示すことで，私たちが共に行う作業の中で何に焦点をあてるのかを示します。患者が問題について話し終えた後に，「他にもなにかありますか？」と問うことは，あなたがすべてを聞く用意があることを示します。また彼らが私に質問をする機会も提供するようにしています。

　初回のセッションの**終わり方**は非常に重要です。重ねて言いますが，これは大多数の人びとが日常の社交場面でとる行動とは異なっているので，多分患者

は終わりがどのようにやってくるかについて，皆目見当もつかないでしょう。今後のためにあなたが先例を作っているということを，この時点で思い出すことが大事です。患者の現在の問題について知りたいと思ったことを完全に聞き出すことができたとしても，できなかったとしても，時間が来たら**時間通りに終了します**。これはもちろん患者の話を途中で遮ってしまうことを意味しているのではなく，時計を意識していることと，できるだけ規定の時間で終わらせることを意味しています。前にも述べた通り，時間を超過することで患者のためになることはありません。セラピーの状況についての信頼できる構造が大部分の患者にとって好ましい安心感をもたらすものであり，時間を引き延ばしたがるように見える患者でさえも同様です。終わりを一定にすることは，操作的になることや，罪悪感，えこひいきや拒絶の感情，そして双方にとって自分の時間に割り込まれることによるストレスを軽減します。優しく，しかし毅然としましょう。例えば「今日のところは時間です。この先は次回にしましょう」あるいは「このことがあなたにとって重要だとはわかりますが，残念ながら今は終わりにしなければなりません」。立ち上がることはセッションが終わったことを伝えるのに役立ちます。

　ある患者は，最初の頃はセッションを終えるのが難しい人でしたが，最近のクリスマスの機会を利用して，私に巨大な砂時計をプレゼントとして買ったのでした。残念ながらそれはたっぷり60分用なのに，私の個人セッションは50分なのです。おそらくそこにはあまり無意識的とはいえないメッセージがあったのでしょう。いずれにせよ，砂時計の砂が落ちていくのを見るのは私たちふたりにとっておおいに楽しかったのですが，彼女はこう言いました「あらまあ。もうすぐ時間だわ！」。

　セッションの終わりに患者をお喋りをしながら送り出す必要はなく，患者の身体が弱くてひとりでエレベーターまで行くことができないというのでなければ，彼らをそこまで送る必要はありません。繰り返しますが，これは一般的な人付き合いの場面とは違います。おそらく患者にとっては，あなたが「優しい」ことにより打ち消されることなく，セッションの中で起きたばかりのことについて考える余裕が必要でしょう。終結のセッションについては，また第6章で述べましょう。

セッション中に**ノートを取ること**について言えば，事実関係の情報を集めている初期のセッションでは，ノートを取ることがとても役に立つと思います。例えば最初の頃，生活史を聞くセッションの間です。この時にノートを取らなければ，セラピストは細部を記憶しようと努力することに気を取られてしまい，聞く力を損なってしまうかもしれません。精神力動的セラピーでは，ひとたびセラピーが実際に始まってからは，ノートを取ることは通常勧められません，それは面と向かっている時にノートを取ることはセラピストと患者双方の気を逸らすことになるかもしれないからです。私は通常，最初の数セッションではノートを取ることを患者に知らせ，それがずっと続くわけではないことを暗に伝えるようにしています。

　セラピストは，セッションの後は必ず，**プログレスノート**（**経過記録**[訳注1]）を書くための時間の余裕をみておかねばならないことをここで言っておくべきでしょう。このノートは1〜2段落程度のセッションのまとめで，患者のカルテやファイルに記入し，あなたが署名をし，もしあなたにスーパーヴァイザーがいれば，必要な場合には下に一緒にサインをしてもらいます。

　初回のセッションで患者がどのような感じかがつかめたようにみえたとしても，患者というものはしばしば2回目，3回目に会う時には前回とまったく異なっているかもしれないものです。これは初回のセッションでは彼らが非常に不安になっていたか，あるいはセッションとセッションの間になにか新しく重要なことが起きたことによるかもしれません。1，2回のセッションだけに基づいてフォーミュレーションを組み立てるのは決して賢いとはいえません。セラピストは後に続く面接にちょっとした驚きを期待できるのです。

　2，3回目のセッションで生育史を聞くことに移る前に，まずは患者があなたとの最初の出会いにどのように反応したかを聞き出そうとしてみるべきです。例えば，あなたは「前回お会いした後で，どのように感じられましたか？」と聞いてみることもできます。こうした質問は，ここでは何を話すのが興味の中心となるかを患者に教育することになるでしょう。セッション間に患者に起こったことは，豊かな価値ある素材と，彼らが精神力動的サイコセラピーにふ

訳注1）医療の中でカルテに記載するものであり，通常，面接記録・プロセスノートとは異なる。

さわしいかどうかの重要な指標をも与えてくれます。ある患者はエレベーターに乗るまでの間に，話されたことは「忘れて」しまい，あなたがそのことについて尋ねるまでそれについて考えてみることはないでしょう。また別の患者はそのことについて友人もしくはパートナーにすでに話してしまっているかもしれませんし，セラピーについての夢，あるいはセラピーに関する夢をみる人もひとりやふたりはいるかもしれません。ある患者は家庭や職場で自分がいつもより感情的になっていること気付いているかもしれません。これらはすべて，治療への動機と治療に留まる力について，あなたが患者を理解をし始めるのに役立つでしょう。

　さて，私たちは患者の背景について次に聞くことになります。

第3章
生育史を聴き取ることと
フォーミュレーション

　ほとんどの精神力動的／精神分析的セラピストは，セラピーの中でできるだけ早く患者の早期の生育史について知ることが重要だと考えます。すでに提示した例からも言えるように，患者のバックグラウンドの一部は常に患者の語りの中に現れています。患者が危機にある時は，もちろんバックグラウンドの情報を聞くことは後回しにせねばなりませんが，そういう場合，私はいつも目の見えない状態で飛行しているように感じます。患者の早期の人生を知ることは彼らの症状，防衛の選択，セラピーでのあり方，更にセラピーでどのように振る舞うかを理解することを大いに助けてくれます。転移という問題はある程度予想できるものになり（第1章，転移についての節を参照），例えばある患者が，両親あるいはきょうだいと非常に難しい関係にあったとすれば，セラピストとの関係においてなんらかの形でそれを繰り返すことが予想できるのです。ですから，あまり長引かせて患者がここへやって来た理由に関する経緯を検討するのを妨げないようにしながらも，できるだけ生育史を明確に聞いておくことが大切です。

　多くの患者はセラピーの中での話題の**移行** transition にとても敏感であり，そのためにあなたはこのような移行をできるだけスムーズに行うようにすべきです。これから何をしようとしているかを患者に話すことは，これを効果的に行う簡潔な方法で，いつでも役に立ちます。「もしよろしければ，あなたのご家族の背景についていくつかの質問をさせていただきたいのです」とか「あなたのことをしっかり理解するために，小さいころからの家庭生活についてうかがいたいのです」という風に言うことは，ここで起こることについて患者が理解し，心の準備をするのに役立つでしょう。例えば「家族については話したく

ありません」とか「そういった事柄についてよく覚えていないようなのです」というように，もし患者の気が進まないようであれば，それは通常，気恥ずかしさやもしくは他の不快な感情の防衛的表現です。あなたはこのことについてもう少し問いかけることを選んでもかまいません。彼らを安心させるように試してみて，それから穏やかな聴き方で質問を始めてみましょう。もしこれがうまくいかなくても，患者の話す事柄にしたがって進めながら，耳はバックグラウンドにある素材に波長を合わせ続けることはできます。多くの患者は，生育史を聞きたいと求められた時にはあっさりと同意してうなづき，できるだけ答えようとするでしょう。再び言っておきますが，患者について知ろうとするこの部分では，注意をそらさずに聴いて憶えておくには細かいことがあまりに多いので，記録することが必要です。

　ここで述べておきたいのは，経験ある多くのサイコセラピスト，特に精神分析家たちがフォーマルな，あるいは構造化された生育史を取るよりはむしろ，素材が患者の中に思い浮かんだ順序で現れて来るにまかせるのを好むということです。セラピストが数多くの生育史を聴き取ったことがあり，適切な治療を決定するためにどのような情報が必要かについてはっきりした考えを持っていて，長期にわたる治療に取り組んでいるような，時間がふんだんにある場合であれば，このやり方は容認される方法です。しかし初心者や中堅の実践家にとって，生育史を十分聴き取ることは患者のこれまでの人生経験について理解するために計り知れないほど貴重なものです。その上，以下に示す一例のように，構造的に生育史を聴き取ったとしても，聞き取られていない素材がいまだ残っており，セラピーの期間を通してゆっくり現れてくるでしょう。ですから，生育史を聴き取ったからと言って，あなたは患者の過去についてすべてを知るようになることはないということと，プロセスのこの部分ではまだ語られていない体験や登場人物を探し続ける必要があると自覚することが重要なのです。

　通常，**生育史を聴き取ること**は，患者の両親に関する情報を集めることから始まります。両親についての以下の質問は異性婚カップルを想定しています。患者がその例外であり，すなわち彼もしくは彼女が同性の両親をもっているならば，もちろんその状況に合うように質問は変更される必要があります。「あなたのご両親について話してください」と始めることができますし，両親がど

のように呼ばれているかは患者から手がかりをつかむのです。また，患者に両親がいないならば，その状況に合わせて質問を修正する必要があります。

以下は，非常に幅広い生育史の聴き取りのための一般的なアウトラインです。あなたはおそらくすべての質問をどの患者にもしようとは思わないでしょう。つまりこれらの質問はあなたが心に留めておく必要のあるいくつかの事柄を示すために選ばれているのです。高齢の患者であっても，父親か母親，あるいは養育に携わった他の大人から始め，そこからあなたが最も重要だと感じる質問へと移っていきます。

生育史を聴き取るアウトライン

両親

1. あなたのお父さん（あるいはお母さん）は存命ですか？　お父さん／お母さんは何歳ですか？　お父さん／お母さんの健康はいかがですか？
2. もし両親が死亡している場合は，このように尋ねます。彼らは亡くなった時，何歳でしたか？　あなたはその時何歳だったのでしょうか？　ご自分の反応を思い出せますか？　どのくらいの期間あなたはそのように感じていたでしょうか？

この最初の質問への答えにより，患者の生活環境について知ることになります。彼らの両親が病気のためにストレスに晒されていたかどうか，そしてもし両親が亡くなっていれば，患者がどのように喪失に対処したか，あるいは対処しなかったか，についての理解を与えてくれます。

3. あなたのお父さん／お母さんはどのような方でしたか？　お父さん／お母さんについて話していただけますか？
4. お父さん／お母さんは外向的な方でしたか，あるいは静かな方でしたか？

この質問は患者によって両親がどのように体験されていたか，どちらの親についての方が描写しやすく，話しやすいか，そしてこうした描写の間に情動が誘発されるかどうか，の指標を与えてくれます。

5. 小さい頃に，お父さん／お母さんを身近に感じましたか？

6. お父さん／お母さんと，ふたりきりで一緒に何かをするということがありましたか？
7. 学校や友達についての心配ごとについてお父さん／お母さんに打ち明けて相談することがありましたか？

　ここであなたは患者の早期の対象関係，彼らがどちらかの親を信頼できたか，そしてどちらかの親を身近に感じていたか，についての理解を得ることができます。その答えはセラピストに向けられる転移がどのように演じられることになるかについての手がかりを与えてくれるでしょう。

8. 私に話していただけるような，お父さん／お母さんが登場する幼い頃の記憶をお持ちですか？

　もしあなたの患者に幼いころの記憶がない場合は，それが何故なのかを考えることは有益でしょう。早期のトラウマがあるのでしょうか？　患者は記憶について話すことに当惑しているのでしょうか？　あるいは幼いころの記憶を知ることに関心がないのでしょうか？

9. 現在あなたはお父さん／お母さんとどのような関係にありますどか？
10. どのくらいの頻度でお父さん／お母さんと会ったり話したりしますか？
11. 現在あなたがたが一緒に過ごす時は，どのような感じがしますか？

　これは分離がなされているかどうか，また両親とのその他の課題がすでに解決されているかどうかについての指標をセラピストに与えます。

12. あなたから見たご両親の結婚について少しお話しください。ご両親は幸せな結婚をしたと言えそうですか？
13. ご両親はしばしば喧嘩をしますか？　ご両親が喧嘩をするのを見ましたか？
14. ご両親が互いに愛情を示すのを見ましたか？
15. 夫婦間のことで，より強い決定権を持っていたのは誰だったようですか？

　こうした質問に対する答えは，患者が子どもとしてみた両親の関係について教えてくれ，もしかすると患者自身の関係性の困難の有無にまつわる情報も与えてくれます。

きょうだい

1. ごきょうだいは何人ですか？
2. あなたは何番目ですか？
3. 一番上のきょうだいはどなたですか？　彼／彼女は結婚していますか？　お子さんは？　彼／彼女のお仕事は何をなさっていますか？　彼／彼女はどのような人ですか？　小さい頃のあなた方の関係はどのようなものでしたか？　今はいかがでしょうか？

こうした質問をそれぞれのきょうだいについてしてみましょう。ここで私たちは家族環境，患者の早期の対象関係，いじめたりいじめられたりする傾向，競争関係，そして早期葛藤の解決について，更に思い描くことができます。

またこのようにも尋ねてもよいでしょう。あなたにとても身近な**他の親戚**，おじさんとかお祖父さんやお祖母さんはありましたか？　あなたの家に住んでいた方は他にありましたか？

学校

あなたは以下のように言うことで，話題を家族から他へ移すことができます：「さて，あなたの学生時代のことについて伺いたいと思います」。高齢の患者にはこれを省略することもあります。

1. 小学校はお好きでしたか？　中学や高校は？
2. 学校ではどの教科が得意でしたか？　課外活動には参加していましたか？
3. 学校では友達は大勢いましたか？　何人かは親しい人がいましたか？　どんな時でも親友がいましたか？
4. 最終学歴を教えてください？

自立すること（適齢の場合には）

1. 自立することはあなたにとってどういうことだったか話していただけますか？
2. ご両親はそれに対してどのような反応でしたか？

3. その時はどこにお住まいでしたか？
4. 今はどういう環境に暮らしていらっしゃいますか？　それはどのくらいになりますか？　そこがお好きですか？

職業生活

もし仕事をしていれば，患者の**職業生活**について知ることも役に立ちます。

関係性

そして，もうひとつ話題を変える発言が有用でしょう。「さて，あなたの男性／女性との**関係**について少し伺いたいと思います」。

異性愛の患者に対して
1. あなたの男友達／女友達について話してください。
2. あなたの最初の男友達／女友達について話していただけますか？　その関係はどのくらい続きましたか？　それは性的な関係でしたか？　どのようにして終わったのでしょうか？
3. 今どなたかとつきあっていますか？

こうした質問はすべての長期に（6 カ月以上）わたる関係について尋ねなければならず，それによってあなたは患者の現在の対象関係を理解することができるでしょう。患者は異性との継続的な関係をつくることができるでしょうか？　こうした事柄について話すことが極端に難しいでしょうか？　関係をやめるのはいつも彼らからの一方的なものだったのでしょうか，それとももっと対等なものなのだったのでしょうか？　彼らは自分自身を心地よく思えるようなパートナーを選んでいるように見えるでしょうか？

同性愛の患者に対して
1. もし彼らが同性愛者であることが明らかになっている場合には，あなたは以下のように尋ねることができます：あなたはいつ自分が同性愛者であると知りましたか？　分かった時どのように反応したのでしょうか？　あなたのご家族はいかがでしたか？　彼らはご存知ですか？
2. 相手を見つけるということに関してはいかがですか？
3. あなたの最近の長期（6 カ月以上）の関係について話していただけます

か？　それはどのように終わりましたか？
　4. 今どなたかとつきあっていますか？

　繰り返しになりますが，患者の方が関係を終わらせるのか，あるいは彼／彼女のパートナーが関係を終わらせるのか，そして彼らが継続する長期的な関係をもつことができるかどうか，というおとなとしての対象関係の発展に私たちは関心をもっています。

精神医学的病歴

1. かつて精神科医，心理士あるいはソーシャルワーカーと会ったことがあるかどうか教えていただけますか？
2. その人と会ったのはどのくらい前でしょうか？　どのくらいの期間，どのくらいの頻度で会っていましたか？
3. その治療者と会うのをやめたのは何故でしょうか？
4. 今回もう一度彼らに会うことを考えましたか？
5. 精神的な問題のために薬物治療を受けたことがありますか？　現在は？
6. 精神的な問題で入院したことがありますか？　あるいは家族のどなたかが入院したことは？

　セラピストは適切と思えば，これに加えて以下のように尋ねることもできます。

7. あなたは深刻な**医学的問題**をお持ちですか？
8. **アルコール**は呑みますか？　**薬物**は？　どちらかでも過去に過剰摂取したことはありますか？

　もしあなたの患者がまだ眠らずにいて，この徹底した生育史の聴き取りの後でもあなたに話し続けられるようなら，以下のように問いかけて，この作業にもう一点加えることができます：私がお尋ねしていないことで，私が知っているべきことがあるでしょうか？

　もし患者がうつの症状を呈していて，第2章に示したような質問をあなたがこれまでにしていなければ，生育史を聴き取る中で彼らに問いかけるのがよいでしょう。

生育史の聴き取りのまとめ

　精神症状は，特に精神科のレジデントにとって，しばしば生育史聴取面接のきわめて早期の重要部分です。これはあなたの患者の精神的能力，つまり明らかな記憶の問題，あるいは目立つ精神病的なプロセスがあるかどうか，ということから，患者の知的能力や，心について考えるための潜在的な能力 potential for psychological-mindedness についての感触を得ることも含んでいます。記憶の問題を確定するための標準的な質問項目があります。例えば一連の数を，桁数を増やしつつ復唱してもらう方法や，面接の最初に4つの物を記憶してもらい，面接の途中で覚えているかを試し，最後にいくつ記憶しているかをみる方法です。精神病の存在に関しては，もし患者が面接の途中で幻覚や妄想あるいは妄想的思考を抱けば，自らそれを洩らすので，通常それを見わけることはずっと簡単です。さもなければ，あなたは彼らの体験について直接的に聞いてみることができます。私たちは主として精神力動的サイコセラピーの患者たちに関心をもっているので，ここではこのことについてはこれ以上深入りはしません。こうした懸念や質問はこのタイプの治療には不向きな患者達を除外するためにのみ有用なのです。

　知的能力を査定することについては，通常はそれがどの程度かの感覚は患者との対話から，そして彼らがどのくらい教育を受けたかについての知識から知ることができます。知能検査を多く取ってきた心理士や心理学のインターンは，こうした経験を持たないセラピストよりも容易に人の知的機能について感じ取ることができるかもしれません。患者の知的能力の範囲についてある程度知っていることは役に立つでしょう。なぜなら心について考えるための潜在能力というものは，部分的にはある種の知性や，治療状況に対してまず肯定的に反応することや，人生の問題についてどう**する**べきかという助言を求めるよりも，むしろその問題をよく考えて理解することを含むからです。

　全部の情報を集めること，あるいは必要でかつ適切と思われる部分の情報を集めることには，おそらくは1回分のセッションより長い時間を要するでしょう。あなたの話題がセッション時間の全体を占めてしまうことは望ましくはな

いにせよ，通常は完璧に近い生育史を聴き取ることは重要です。この後のセラピーの中で，患者がさまざまな家族メンバーについて語った時，話題にのぼっている人物が誰なのかについてわかれば，あなたは自分の作業に満足するでしょう。もし生育史を聴き取る予定のセッションに患者が危機的な状態でやって来れば，もちろんあなたはそのことに耳を傾け，質問は脇に置いておかねばなりません。もし生育史の聴き取りに1セッション以上の時間がかかるとすれば，とにかく，現在どのような状態であるかを尋ね，引き続きいくつかの質問をしてもよいかどうかを患者と共に確認するときめておくのがよいでしょう。もし生育史の聴き取りから離れるのが患者にとって最大の利益ならば，聴き取りに戻ってくることが可能になった時にできるだけ早くそうするよう試みましょう。

　実際に患者の早期の人生について質問することは，彼らにとっては想像するほどの負荷ではありません。それはしばしばあなたが彼らの人生の細部すべて，過去と現在について関心をもっていることと，彼らのこれまで体験してきたことについてあなたが十分な注意を払っているためにそれを聞く時間を取っているということを伝えるのに役立ちます。

生育史の中に転移のフラグを立てること

　私のスーパーヴァイジー達の多くは，この見出しのflagging（フラグを立てること）はflogging（むち打つこと）の誤植に違いないと思うでしょう。なぜなら彼らは時々私が転移の問題に関して自分たちをいじめると考えているからです。しかし私がflaggingで意味しているのは心的なフラグ，つまりゴルフコースでみるような旗を立てることであり，特定の発言や情動が今後の参考のためにマークされることなのです。先に述べたように，生育史についての質問に答える過程で，あなたの新しい患者は知らず知らずのうちに，今後セラピーの中で生じて来ると予想される転移反応を表しています。父親や母親についての質問は，彼らが支持的だと経験されてきたか，あるいは批判的だと経験されてきたかについて指標を与えてくれます。サイコセラピストはしばしば両親のような人物とみなされるので，あなたの患者がそれぞれの親について抱いてい

る認識を理解しておくことは非常に重要です。当初あなたがどちらの親を意味しているのかについては感じ取ることができるでしょうし，こうしたタイプのサイコセラピーは陽性転移で始まる方が一般的にスムーズなので，それは「良い」親であるか，患者が最も身近に感じる親であるのが理想でしょう。しかしそうはならない場合もありますし，セラピーの進展の中で変わってもいくでしょう。もしあなたが患者の生育史のこの部分をよく知っていれば，この転移を見極めることができるでしょうし，患者がその転移をよく見て理解することを助けることもできるでしょう。以前にも簡単に触れましたが，もし両親が亡くなっていれば，あなたの質問に対する患者の答えは，彼らが両親をすでに手放せたのか，あるいは今でも替わりを求めているのか，そして患者が喪失と分離にどのように関わっているかについての指標を与えてくれるでしょう。これはあなた自身との分離，つまり休暇や最終的な終結の指標でもあります。

きょうだい転移の存在にも，特に患者があなたの年齢に近い場合には，同様に注意を払うべきでしょう。

例えば第1章のアリス（「猫」p.16 参照）に戻ってみれば，治療に訪れた時，彼女は自尊感情が非常に低いこと，家族の誰もが彼女を批判したりからかったりしたこと，そして自分が確たるキャリアを積むことができなかったことを嘆いていました。彼女は自分が優位に立てると感じる数人の男性と関係をもちました。生育史を聴き取るセッションの中で，彼女は長姉のことを完璧だと思うとともに憎んでいた，とその関係について語りました。彼女の姉は自分自身のキャリアのプランをもっており，彼女が熱烈に愛していると見受けられる男性と婚約もしていました。家族が集まる時，そして事実ほとんどどんな場合でも，医師である姉はアリスに人生において何をすべきかについて語り，彼女が自分のキャリア選択を享受できていないこと，あるいは安定したボーイフレンドを持つことができていないことを叱りつけたものでした。

私はいくぶん若い頃にアリスに出会いましたが，予測できた姉転移が明らかになることに年齢は関係ありませんでした。生育史を聞いた後，若い時からのこの関係，つまりからかいとその背後にある誘惑という取り合わせはアリスの成長してからの生活に影響を及ぼす最大のものであることは明らかでした。作業の初期は，アリスが私によって値踏みされると感じる時，そのことを彼女に

気付かせることに多大な時間を費やしました。これが転移による反応だと分かってくるにつれて、アリスは自分のあまり自慢できない部分をさらけ出すことができるようになり、その起源を理解し始めたのでした。この治療の大きな成果は、姉に立ち向かう彼女の新たな能力であり、時が経つにつれて姉を、心底信用することはないものの、友達と公言するようになったことでした。

　両親の結婚についての患者の幼い頃からの見方を聞くと、すでに述べたように、彼らの一般的な関係性について、そして通常異性との関係についての見方を知ることができます。未解決のエディパルな問題は転移に現れてくると思われますが、まず両親の結婚についての描写に見出されることがあります。例えば「父は決して母に多くを語りかけることがありませんでした。実際のところ、父は母よりも私と多くを共有していましたし、私たちはより似た考えを持っていました」というような話が、もし女性の患者によって語られたならば、それは男性セラピストへの誘惑的な行動、そして女性セラピストとの競争的な行動の先触れかもしれません。一般的におとなの愛情や心遣いについての患者の見解は、こうした早期の認知から生じたものであり、セラピスト-患者関係の彼らの認知に必ず再び現れて来るのです。

　患者が自立することについての発達課題をどのように達成しているか、あるいは失敗しているか、は患者の現在の問題、つまり不安や恐怖あるいは進歩を阻んでいるかもしれない罪悪感といったものの根底にかかわるかもしれないというばかりではなく、セラピストとの関係における依存の問題にかかわるかもしれません。あなたの患者は分離を果たすために怒りを表出しなければならないでしょうか。これに関する糸口はセラピーの過程での分離体験に関してやがて現れてくるでしょう。

フォーミュレーション

　「この患者についてのあなたの**フォーミュレーションは？**」というような時のフォーミュレーションという言葉は、しばしば初心のセラピストの心に、そして時としてはもっと経験を積んだセラピストの心をも同様に恐怖で満たします。それは自分達が治療している人物について、できるだけ早く簡潔なフォー

ミュレーションができなければならないと感じるからです。そのためにフォーミュレーションを考えることはしばしば，私たちにとって避けたい訓練なのです。

しかしフォーミュレーションを行うことを余儀なくされたことのある人は，それが患者の力動に関する思考へとあなたを焦点づけてくれるので，セラピストが取り組むべき非常に役立つプロセスであり，治療的決定を下すうえで不可欠なものであると証言するでしょう。それは仕事におけるあなたの自信や予見能力を高め（すなわちこれから続くセッションにおいて待っている驚きの量を幾分減らし），そして最も大事なことは，患者が今いる状況に，どのように，そしてなぜ立ち至ってしまったのか，また，彼らのパーソナリティスタイルがどのように形成されたのかについての更に深い理解をもたらすことです。最初のフォーミュレーションは，通常家族歴を取り終わった後で行われます。

基本的にフォーミュレーションは仮説です。すなわち患者の問題の悪化，進展，そして持続に関与してきた要因についての仮説的な説明です。それはまた患者の強みや弱みも含まれ，この時点まででありなたが観察できた防衛機制も含まれます。フォーミュレーションはエッセイでなく，**変更不可能なもの**でもありません。あなたは患者に3回会った後に彼らについて素晴らしい分析を記載したと思うかもしれませんが，この後数カ月あるいは数年の精神分析的サイコセラピーを通して患者の力動について同じ印象に頑なに固執することはありませんし，またそうすべきでもないのです。多くの場合，あなたは裁判で第一印象の正しさを弁護するよう求められることはないでしょう。このことは，初心のセラピストにしばしば起きるフォーミュレーション恐怖を減らすために言っておきたいことです。

フォーミュレーションは基本的に仮説，よく考え抜かれた仮説なので，それはこれまでの時点であなたが患者から得た印象の要約になるでしょう。それは所見の中で特に以下のようなものを必要とします。すなわち

1. 現在の問題，あるいは主訴についての明確な陳述
2. 来談経緯についてのまとめ
3. 患者がこの問題についてなぜこのタイミングで悪くなったか（素因的要素）

についての直感的印象
4. 現時点までにあなたが患者の中に見出した防衛機制についての説明（例えば否認）
5. 彼らの知的能力と心について考える能力の予測
6. この患者の力動的サイコセラピー的治療の適性について（詳しくは第4章参照）

　あなたのフォーミュレーションにはその訴えが患者の家族背景とどのように関係しているかについての陳述と，そしてこの人にどのような訴えがさらに起こる可能性があるかについての示唆が含まれてもよいかもしれません。予測される転移あるいは抵抗（これらはかならず変化し，次のセッションにおいてですら変化するということを心しておくべきでしょう）について，この時点でできるコメント，そしてこのタイプの治療を選択する理由について，このような作業を行うあなた自身のバイアスに加えて，できることなら患者のニーズに関連して述べるべきです。

　精神科レジデント，そして時としては他科のインターンも，アメリカ精神医学会によって出版された最新版の**精神障害の診断と統計マニュアル（DSM）**を活用した診断仮説を求められます。正式な診断を行うためにDSMを用いる特有な訓練は，臨床精神科の訓練の標準的な要素であり，あらゆる状況において教育され，またそれは他の大多数の臨床家の訓練には含まれていないため，ここではこれ以上は論議しません。もしあなたがこの時点の患者のDSM診断についての「推測」を付け加えることを求められていれば，フォーミュレーションにそれを含めなくてはなりません。

　あなたが患者に注意深く耳を傾ければ，なぜ彼らが援助を求めて来たかを理解し，彼らが人生早期を過ごした精神的風土をうまく掴むことができるはずです。あなたはまた，転移-逆転移の中でエナクトされるかもしれないもののいくつかの可能性にフラグを立てることも，すでにできるかもしれません。これらを治療者としてすべて身に付けていればフォーミュレーションはおのずと書けるのです。いくつかの例をあげましょう。

　ベティは42歳の独身女性（第1章で述べた，権威主義的な父親を持つ人）で，

上司に恐怖を感じ，不安を強く感じて，この2週間は仕事にも行くことができないほどであることを訴えて治療を訪れました。彼女はこの仕事に就いてからの3年で不安が形成されてきたことに気付いていましたが，「時々物事はとてもうまく運びます」と述べました。出勤できなくなる少し前に，ベティは父親がアルツハイマー病と診断されたことを母親から聞き出しました。これは仕事での特別に重い負担に加えて，現在の危機をひき起こした要因であると思われました。ベティは不安に対処しようとするために知性化と強迫的防衛を使うようでした。彼女は自分が家でも仕事でもきわめて秩序を重んじ，そのために人から好かれないのではないかと心配していると報告しました。彼女の家族は厳格で，感情表出は奨励されませんでした。父親は暴君として，母親は抑うつ的で「弱々しい」と描写されました。弱いものいじめをする「権威者」と「弱々しい」母親の取り合わせは女性セラピストに対して葛藤的な転移反応を惹き起こすかもしれません。ベティは知的な女性で，経営学修士MBAを取得しており，精神力動的に考えるためにおそらくは自分の防衛的な姿勢をゆるめることもできるでしょうし，セラピーを有効に利用することもできるでしょう。

　上の例では，セラピーのずっと後になって，子どもの頃のベティが，数カ月間家族のもとに滞在していた叔父による性的虐待の犠牲者であったことがわかったのでした。しかしこの情報とそれにより起こりうる影響はフォーミュレーションを書いている時には知られていなかったので，当然ながらそれらのことが盛り込まれることはありませんでした。

　先に登場したアリスは，低い自尊感情と，主として仕事における厄介な対人関係という訴えで治療を受けに来ました。職場で彼女は同僚やサポートスタッフと喧嘩をし，誰もが自分を嫌っていると感じていました。彼女はこれまでの職場でおよそ2年ずつ働いてきましたが，この問題はすでに大学時代に始まっていました。その時彼女は他の人が自分よりも「もっと頭がよい」ことを初めて体験しました。劣等感を体験することから自分を守るために，アリスは攻撃的になっていったのですが，それは家族の中で特にかわいがられていると彼女には思われていた姉によって自分が扱われたやり方と一致するものでした。攻撃的な行動や行動化や投影同一化に向かう傾向があるにもかかわらず，アリスはきわめて聡明な女性で内省について速やかに学んでいました。そのため彼女

には精神力動的セラピーがうまくいくだろうと思います。彼女は心に相当な痛みを抱えているので，自分の現在の状況を変えることに強い動機をもっています。彼女の姉は，彼女の自己像とセクシュアリティに対する考えに多大な影響をおよぼしているように見えます。そこで彼女の姉はおそらくなんらかの形で転移の中に現れるでしょう。

繰り返しますが，アリスのケースでは，最初のフォーミュレーションの時には知られていなかった情報が沢山ありました。

上の例は簡単なものです。フォーミュレーションはおそらくもっと長くなると思われますが，生育史を聴き取った時に語られたことすべてをフォーミュレーションの中で反復する必要はありません。

実際のセラピーの過程に入る前に，精神力動的／精神分析的セラピーに選ばれる患者の好ましい特徴を何点か強調しておくことが役に立つと思われます。

第4章
セラピーにふさわしい患者を選ぶこと

　前章のフォーミュレーションの箇所で検討したように，私たちが考えるべき要素のひとつは，治療を勧めることができるか否かということです。私たちは精神力動的セラピーに関心があるので，精神力動的あるいは精神分析的な方向づけの治療を推奨する上で最も期待が持てるような患者の特徴について見てみましょう。先の2つの章で論じられたように，初期の面接の中であなたの新しい患者に関する少なからぬ量の情報が得られ，あなたはこの情報をもとに，そしてスーパーヴァイザーがいれば，そこでの話し合いの中で，彼もしくは彼女にとって最もうまくいく可能性のある治療を決定しなくてはなりません。

　前にも触れたように，新しい患者に対するあなた自身の反応（逆転移）は，意識的なものも無意識的なものも，すでに動き出しているのであり，こうした反応は治療についての決定にも影響を及ぼしているかもしれません（例えば，「彼女はとてもかわいい，私はきっと彼女を助けることができる」「すごい，彼は映画に出ているわ。私はいつも映画に出たいと思っていたのに」「彼女は髪を洗ったことがあるのだろうか？」などなど）。実際のところ私たちの最初の反応は，時として後々まで長く残っていくものです。したがって，より集中的なサイコセラピーを始めることを考える時には，初対面の時にその人に対してもった好ましくないという感覚を考慮に入れるべきです。スーパーヴァイザーや自分の治療者あるいは同僚と話す中で自分の反応について理解できれば，このことは患者のための最善の決定を行うにあたり，あなたと患者双方にとってとても役立つことはあきらかでしょう。また初回面接と生育史の聴き取り（前の章を参照）から予め分かるかぎりで，烈しい転移反応の可能性についてじっくり考えることは，治療の選択に関して重要な情報を与えてくれるでしょう。

精神力動的サイコセラピーにおいて，まっさきに，そしてなによりも求められるのは，その人物がいくぶん**構造化されていない**治療の状況に耐えることができ，また**曖昧さ**への耐性を持っていることです。構造化されていないセラピーとは，それぞれのセッションの中で話し合われる問題は，どんなものであれ患者の念頭にあるものであり，それゆえに問題は患者によって取り上げられるということを意味しています。そして次のセッションにおいて，この問題を扱い続けていくことが求められるわけではありません。忘れてはいけません。患者が主導するのです。それゆえに治療者は，セッション中の適切な時に指導やコメントや解釈を提供はしますが，一般的には患者がリードするところに従うのです。要するに，このことはセラピストが（生育史を聴き取った後は），患者が語っていることを究明し明確化する以外には，多くの質問はしないということと，宿題を課すようなことをほのめかさないこと，あるいはフォーマルな形で患者と目的を設定することはないことを意味しています。言い換えれば，セラピストはことさらセッションに構造を強要しないのです。

　セラピストからの反応は比較的に最小限に抑えられているので（つまり，認知行動療法のような他の治療形態におけるセラピストの役割に比較して少ないものの，精神分析ほど少なくはないので）患者は自立のためのある程度の能力を持たねばならず，セラピストとしてのあなたから意見や是認が絶えずもたらされる必要はありません。そのためこれらの注意書きは非特異的なものにならざるを得ません。というのは，ある患者に対してあれやこれやの特定の介入がどの程度必要とされるかは，非常に難しいからです。精神力動的セラピーとは患者にとって構造を提供することからは反対の方向に偏っているもの，というぐらいに考えておくのが役立つでしょう。

良い兆候（サイン）

　患者が最初の時間に，あなたからの問いかけやある種の先導がなくても，その時間に耐えられるならば，これはより構造化されない場面にも耐えることができる良い指標です。こうした時間というものは，典型的には沈黙の時間になるか，彼らが描写したなんらかの情緒的なもの，あるいは彼らが話し始めよう

とした夢についてあなたが探索の触角を向けている時であり，彼らがあなたの意見や即座の解決を必要としないでそのことを話し合うことができる時間になるのです。

　開始時のセッションにおいて査定を試みるべきもうひとつの要素は，その人の**心について考える力**のレベルです。この語については以前にも述べたことがありますが，意味するものを的確に意味していると思います。すなわちその患者が自分自身の人生について仮説を立て，それを理解することに関心をもつことができ，この場合もまた早急な解決を必要とせずにいられることです。それはまたその人物自身が家族の歴史とその影響力に関心をもつこと，そして一般的にセラピーを受けることについて肯定的な態度をもつことを意味してもいます。これまで治療を受けたことがない患者達は，心理学用語と心理学的な考え方に慣れた人びととは自ずと異なっています。しかし，その人が心理学的理論を上手に披露する能力が重要なのではありません。事実この種の反応は，通常防衛としての知性化の使用という見出しの中に含まれるものです。むしろ哲学的に思索することや，自分に関する新しい考えと新しい見通しを楽しむことができ，自分達の過去が現在を決定することに対して重要性をもつことを認め，新しいやりかたで人生を探索することについてオープンなことを示す能力なのです。

　実際のところ，この種の作業の最初の良い兆候としてユーモアのセンスを挙げずにはおけません。この場合，あなたの言った冗談に笑うことを必ずしも意味してはいませんが（それは確かに重要なことではあるにせよ），彼ら自身について笑うことができ，時として自分の人生をユーモアのある見方でながめることができること（例えば第2章で描かれている，私に一時間の砂時計をプレゼントとして持って来た患者）を意味しています。これは自分に対して少し距離をおき，観察する能力を意味しています。

　以上に加えて，精神力動的治療への適性について考える時に，あなたの装備の**一部として**もっておくべき，より詳しい基準を以下に挙げたいと思います。この基準は，不変のものとして考える必要はありません。しかしあなたの新しい患者がこうした特徴を多く持っていればいるほど，彼らは精神力動的サイコセラピーにふさわしい候補者となるでしょう。

1. 精神病的な症候(すなわち,妄想,幻覚,被害妄想的観念)を示して**いてはなりません**。被害的な思考は常に露骨に明らかなものとは限らないので見つけるのに苦労するかもしれません。それは「私がどこへ行っても人びとは私のことを話しています」というようなものから,「仕事場の人はみんな私を憎んでいるんです,それが新しく仕事に就くといつも起きる問題なんです」といったものにまで及びます。後の例ではこの人が仕事に就くことができているといった十分に良い徴候があれば,そしていつもこれが起きるというわけではないことや,自分達の考えがどこか間違っていると理解できるならば,私たちは注意しながら精神力動的治療へと進むことができます。
2. 教育レベル,職業的レベル,興味そして一般的知識から判断して,患者は少なくとも平均的な知性を持っていなくてはなりません。
3. 一般的な機能レベルが考慮されねばなりません。つまり,症状にもかかわらずどのようにうまく対処しているか,また精神力動的志向の治療の効果を「待つ」ことができるかどうかです。
4. その人は治療に関心をもって,少なくとも意識的には治療に協力する意思を表明せねばなりません。
5. 過去の関係性の中に,少なくともひとりは肯定的で親密な思いやりのある愛着関係が含まれていなければなりません(例えば,母親,父親,祖父母,近しい親戚)。これは信頼できる関係性を認識する力を物語るものです。
6. 現在親密な関係を構築する能力があることがわかれば,それはとても役に立ちます。例えば,友情です(彼らの対象関係の質)。
7. 患者は初回面接の間に,ある程度自分自身の情動や感情のあり方に気付き,そしてそれに気付いたことを認めて話し合うことができなければなりません。
8. 患者は衝動の表出を先延ばしし,即時的な満足を延期する能力,すなわち行動するよりも話し合う能力をある程度示さねばなりません。これは過去にその人がどのように他の危機を処理したのか,そして現在の状況を扱うことについてこれまでどのような考えを持っていたのかを尋ねることによって理解することができます。私が第2章で提示した,前の患者とのセッ

ションを終わろうとしている時にドアをノックした女性の例では、私たちは確かに慎重に進めねばならないでしょう。
9. もしあなたの患者が話し合いのために比較的役立ちそうな記憶や夢、そしてファンタジーを持っているならば、これはいつでもよい贈り物です。ただしそれが時期的に早すぎたり、情報量として多すぎたり、簡単に手に入り過ぎないのであれば、なのです。もしセッションが一次過程の素材と名付けられるようなもの、すなわち生（なま）で無意識からのもので占められているならば、その人のこうした種類の素材の表現についてのコントロールやその思慮分別はあまりに冒されているために、この形態のセラピーから利益を得ることはできないでしょう。彼らは覆いを取るよりも覆いをする（構造化された治療の中で防衛が強化される）必要があるかもしれません。
10. その人が以前に治療を受けていたことがある場合、前の治療が役に立ったと感じていれば、それはよりよい前兆です。これは彼らが治療から恩恵を被ることができるということ、彼らが治療に向けて前向きな見通しを持ち、さらに彼らがこれまでの人生で体験してきたかもしれない絶望を行動化するように治療者から治療者へと移って行くわけではないことを意味しています。
11. その人は現在薬物濫用や不法行為に関わっていてはなりません。薬物濫用については、あなたの患者がセッションに酩酊状態もしくは麻痺した状態で来ることを意味するかもしれませんし、そうなれば彼らと作業をすることは不可能です。不法行為については、彼らの治療中にあなたが倫理的ジレンマに巻き込まれるかもしれないことを意味しています。

これらのポイントを振り返ってみると、セラピーにおいて成功を予測する上で、生活史を聴き取ることがどれほど重要かわかるでしょう。

29歳の法科学生のフレデリックは、ソーシャルワーカーである母方の叔母から私に紹介されてきました。彼は怒りの爆発を抑えられないことと、ガールフレンド候補者たちに対して過剰に批判的になってしまうことを訴えました。身体的暴力の問題はありませんでした。ひとりっ子であるフレデリックはそれまでの人生においていつも怒っていましたが、その理由がわからなかったので

す。生育史を聴き取るセッションで，彼は母親を抑うつ的でしがみつきの強い女性であり，彼が成長することに罪悪感を抱かせるような人であったと述べました。母はしばしば「私が死んだらあなたは悲しむでしょうね」と言うので，彼は幼少期の多くの時間を母親が死んでしまいはしないかと心配して過ごしたのでした。事実，彼が若い頃，母親はうつ病のための薬物治療を断続的に受けており，そして彼が青年期になった時，彼女は良性の脳腫瘍の診断を受けました。フレデリックを治療に紹介した叔母は母親が彼に依存しているのをよく見ており，彼の将来を危惧していたのでした。

　フレデリックは父親との温かく優しい関係を記憶しており，彼から認められ，愛されていると感じていました。母親がすぐに具合が悪くなるので，父はしばしば自分達ふたりが彼女を世話して，彼女にあまり問題がおこらないようにしなくてはならないとそれとなく話していました。しかし不幸にもフレデリックが20歳の時に，父親はスキーをしている時に心臓発作で亡くなり，彼はひとりぼっちで母親の元に残されてしまったのでした。

　この例では，上記の情報はすべて最初の2セッションで患者から得られたものでした。怒りの爆発という彼の訴えがあったので，私は当初は用心しながら先に進むことにしました。私は彼の衝動コントロールを査定するためにいくつかの質問をしました。両セッション中，彼はうちとけた態度で答え，自発的により多くの情報を提供しました。彼は知的で自分の関心事をはっきりと表現しました。彼は母親を直接責めはせず，自分の怒りの責任を負っていましたが，それでも母親との関係が問題についてなんらかの関連があるとみなすことができました。彼は父親と，またおそらく彼の将来を心配する人としての叔母と親密で信頼に基づく関係をもっていました。終わりにあたって，彼は「即効性のある治療」を望みませんでした。そこで私は彼と精神分析的なオリエンテーションをもつサイコセラピーを行いたいと思ったのでした。

悪い兆候（サイン）

　すでに述べたように，もしあなたの患者に精神病的症状があったり，もしくは薬物を濫用している場合には，良い結果が得られる可能性はきわめて小さい

ものです。もしあなたが最初の数回の面接で，彼らが非構造的な治療に耐えられるかどうか，あるいは彼らが精神病的思考をもっている可能性があるかどうかを判断できない場合には，その人に心理学的検査，特に投影法検査を受けてもらうのが適切でしょう。もしあなた自身が心理学の実習生もしくは心理士の場合，自分自身の患者に検査を行うのは賢明とはいえません。彼らにとって不快であったり，ふたりの関係のこの時点では侵入的すぎると感じられるかもしれないような新しい次元を持ち込むことによって関係が複雑になるからです。またこの時点までで患者があなたに対して持つようになった転移はどのようなものであれ，検査に影響をおよぼすでしょう。こういう理由で，患者と話し合ったあとで，同僚に紹介するのが順当です。コンサルタントとなった心理士が患者にフィードバックすることに加えて，その検査の結果についてあなたと話し合うことを患者に了承してもらう必要があります。

　もしあなたの患者が上記の良い兆候として挙げた基準の大部分を満たさないように見える時は，精神力動的治療を行うのは，少なくとも最初は難しいことが見込まれます。時として数カ月の構造化された支持的な治療のおかげで，その後に患者があまり構造化されていないことに耐えられるようになり，心について以前より考えることができるようになることがあります。しばしばインターン達は早くケースを持ちたいと急いでおり，適切な患者を選ぶための基準を厳密に用いることはないかもしれません。しかし，患者の幸福のため，そして患者が未熟なまま終結する時のあなたの自己愛の傷つきを避けるためには，あなたの「私はだれでも治せるという白馬の騎士」コンプレックスを克服して，先に挙げたガイドラインを心に留めておくことが最良の策です。

　次は治療の決定が難しかった例です。ジョージーは31歳のエンジニアで，彼女は同僚から完全に孤立し，友人もなく，ボーイフレンドをもったことがないことを訴えて私のところへ来ました。この対人関係上の問題は，彼女が思い出すかぎり彼女の特徴になってしまっていました。彼女は小学校以来誰ひとりとして自分を好きになった人はいないと語りました。彼女の職場で，ようやく彼女の友達になってくれそうだと思えた人が彼女をことさら避けるようになるというできごとがあり，それが引き金となって彼女は治療に来ることになったのでした。ジョージーの早期の人生は，情緒的にも経済的にも極度に剥奪され

たものでした。両親はこの国への移民でしたが，彼女が家庭の中で自分を表現することを許さず，彼女が自分自身の生い立ちへの愛着を失うことを怖れて，学校では他の子ども達とつきあってはいけないと禁じていました。学校のこども達は自分達と違うといって，すぐに彼女をからかい始め，身体的な虐待さえありました。

　ジョージーの父親は明らかな理由もなく彼女に対して身体的虐待を行いました。母親は彼女が成長するまでずっと，彼女に距離をおきつづけ，家でうまくいかないことがあるといつでも，父親の怒りが患者の方へとそれるように彼女を責めました。彼女はひとりっ子だったために，甘やかしてしまうからという理由で家では2つ以上のおもちゃをもつことを許されなかったのです。

　最初の数セッションの間，ジョージーは協力的でしたが，とても悲しくつらい過去の出来事を話す際に時折微笑を見せる以外は，感情的にはみごとに平坦なままでした。彼女の他の人々との間の問題が，両親による虐待的な扱いから生じているものだということは分かっているにもかかわらず，他者が彼女についてどのように感じているかについての彼女の考えには明らかに被害的な雰囲気がありました。

　この例においても，上述の情報は最初の2回の面接でわかってきました。ジョージーは明らかに知的で，どのような治療が提案されても力を合わせたいと望んでいました。彼女は自分の現在の問題についていくらかの知的な理解を示しました。しかし，私は彼女と精神力動的なアプローチを追求していく可能性については慎重になっていました。彼女の過去の関係性があまりにも貧しく，そこには彼女が本当に親しく感じた人が誰もいなかったので，私は彼女がセラピーで同盟をつくることができるかどうか，また作業状況が厳しくなった時に，彼女がその同盟を信頼に足る関係だと信じ続けることができるかどうか確信できませんでした。

　私はまた，彼女が自分自身の感情への気付きを欠いていることは防衛が脆い証拠であると感じ，彼女の防衛が脅かされた際に彼女が代償不全になるかもしれないことを案じました。起こりうる転移に関していえば，肯定的でおもいやりのある親のような人物との関係をかつて持ったことがないので，転移がより激しくなるほど，怒り，屈辱，そして苦痛が動員される機会になるでしょうし，

おそらくは私（！）の上に置き換えられるだろうということを，私は心に留めたのでした。このことはジョージーにとってはセラピーに留まって耐えることを難しくし，そして間違いなく私にとっては中立的で受容的な立場で居続けることをますます難しくするものであろうと思われました。私は，少なくとも最初の数カ月は，構造化されたアプローチをとることが彼女にとって最もよい方法であると感じました。そこではセラピスト側がかなり積極的な関与をしますが，彼女に代わってアジェンダを決定するという意味ではなく，彼女に対して真に応答的であり，肯定的で比較的脅威とはならない関係性のロールモデルとなるという意味でした。

移 行

ひとたびセラピーにおいて精神力動的なアプローチを用いることが決定されれば，私はしばしば患者にどのように進んでいくかについていくつかの指示を与えます。例えば私は「これから，私はメモを取ることをやめます，そしてあなたにはセッションの中で心に浮かんだことをなんでも話していただきたいと思います」と言うかも知れません。「あなたの夢についてすべて聞きたいと思います」といった，より詳しい指示を与えることは通常役には立ちません。というのは，こうした指示はあなたが聞きたがっていると思う素材を患者が持ち込む方向に，あるいは治療に抵抗したり，あなたに「反抗する」ためにこうした素材を持ち込まない方向にバイアスをかけることになるからです。サイコセラピーを開始し，継続するプロセスについては次の章で詳しく述べます。

もしも治療の途中で，アプローチの**変更**が役立つであろうと心に決めたとすれば，私は患者にはっきりとどのような変更があるか，そしてそれが彼らにとって役立つと考えた理由についてできるだけ説明します。例えば高度に構造化された行動的なアプローチがある種の恐怖症の治療に奏功するだろうと考えれば，私はこのタイプの治療がどのように私たちにとって役立つかを説明するでしょう。

時として患者は構造化されたサポーティヴな精神療法的治療から精神力動的アプローチへと移ることができるということを述べましたが，私はまた，良い

兆候として挙げたリストにすべて良い点数をとるような，素晴らしく見える患者が，セラピーでより深くかかわると，以前そう見えた程ではなかったことが分かることもある，ということも言っておきたいと思います。これは，例えば境界パーソナリティ障害をもつ人びとに起こることであり，彼らはかなり高い機能をもっているかもしれませんが，陰性転移への可能性と憤怒のためにこうした作業を行っていくことが極度に困難に，あるいは時として不可能になります。また，ある「スター」患者がセラピー開始後に例えば死とか離婚といった最大の危機に出会って予測しなかったような形で代償不全になり，異なる種類のセラピーを必要とするようなことが生じる可能性もあります。

　この状況はインターンと彼らのスーパーヴァイザー達（彼らは資格のためにセラピーの時間数をカウントしているかもしれません）にとって大きな失望のように感じられるでしょうし，より経験を積んだ実践家達にとっても同様です。彼らは患者が自分達の威信を貶めたと感じています。これらの例において，もし精神力動的に作業をするということが最優先で最も重要なことであれば，このタイプの治療には別の患者を選ぶことがよりよいことであり，あなたが最初の患者と面接を続けるつもりならば，構造化されたサポーティヴ・セラピーで行うのがよいでしょう。転移と逆転移の問題は両方ともサポーティヴ・セラピーでも同じように起きてくるものであり，ふさわしい第三者達とそのことについて考え，話し合うことができ，また精神力動的フォーミュレーションも行うことができるということを覚えておくべきでしょう。学ぶ機会はいつでもあり，それはあなたがどのような種類のセラピーを選ぶとしても，あなたが患者と共にその問題に光をあてようとするにせよしないにせよ，同じ治療者‐患者問題が起こってくるからなのです。あなたが患者の限界と，彼らが情緒的に生き延びるためにどの防衛が必要なのかを承知している限り，あなたは解釈をひとつふたつ試みることもできます。ただしあなたがその解釈に執着せず，患者に拾い上げられない場合はそれを捨ておくことができるならば，なのです。

　どんな患者とのどんなセラピー状況も，次の章で見るように，実り多く刺激的な学習の体験です。

第5章
継続治療

　導入作業の後にもうひとつの**移行**，すなわち面接の開始と生育史を聞き取る質問という相対的な構造から，患者が何でも自分の中に浮かぶことを話すことへの移行があります。それ以前に提供されていた構造は，しばしば安全な感じがするため，この移行は患者にとって難しいものかもしれません。少なくとも初めのうちは，自分自身の素材を生み出すよりも質問に答える方が易しいように見えるからです。従って，患者にこれから何が起こるのかを話すことが重要なことです。例えば「さしあたりこうした情報は十分に伺えたので，次回はあなたが話したいと思うことを何でも話してください」とか，「もうノートをしまってしまいますので，残りの時間は心に浮かぶことをどんなことでもお話しいただきたいのです」というように言います。

　患者は気持ちを切り替えて適応しようとするので，自然と沈黙になるかもしれません。患者が本当に困っている時には（「何を言ったらいいのかわかりません」など），難しいことですよね，と共感的に言ってよいし，患者によっては，なぜそれほど難しいかを尋ねてもかまいません。移行について話すことによって，通常はどちらか一方だけがその作業に取り組むということではなく，移行が容易になるでしょう。場合によっては，そうすることでセラピーでは何が起きているのか（例えば，患者が話をし，あなたが聴き，そしてふたりが患者自身の問題について理解しようと試みているということ）を患者に教えるよい機会となるかもしれません。いつでも以下のように言うことができますし，必要なら何回か言ってもいいでしょう。「これは**あなた**の時間です」。このことは患者にとって理解しにくいことかもしれません。なぜなら患者はセラピーを学校や家族状況と結びつけて，心のどこかで自分はセラピストのためにここにいる

と感じているかもしれないからです。つまりそこで役を務めて，よい患者であるためにいるというわけです。

　始めるのが難しいという状況が続く場合には，患者を抑制していると思われるどのような転移的課題がすでに生じているのか，あなたは生育史を聴き取っている間に立てたフラグを求めて心の中の転移ファイルの中を探ってみることもできます。特に母親と父親に関する描写の中で聞いたことについて焦点をあてます。もし権威ある人物の描写がかなり嫌悪を起こさせるもの，例えば怒っていたり恐ろしかったりする場合は，患者を安心させるとよいかもしれません。例えば「何か変な感じに，例えば私があなたから特別なことを聞き出したいと思っているように感じられるかもしれないですが，あなたが考えていることをちょっと話していただけませんか？」転移的なコメントや解釈（つまり「あなたはお母さんについて感じたように私について感じているのではないかと思います」）は，早期のこの時点では適切では**ありません**。早期の両親との関係が十分に良好であると思われる場合には，今追求する必要はないので，ただ心に留めておきましょう。

　それでもまだ行き詰まっているとします。その時は問いかけてみましょう。「前回ここを出られた後，どんなお気持ちでしたか？」あるいは「今日はどんな感じでここへいらっしゃいましたか？」とか「待合室では何を考えていらっしゃいましたか？」再度注意しておきますが，早期のこの時期には「私に話すのはどんな気持ちだったでしょうか？」とは**問わない**ことです。セラピーの早期において，患者が何を期待されているかをあまり知らず，まだまるで社交的な状況にいるかのように振る舞おうとしている段階では，この質問はあまりにも脅威的なのです。早まって質問してしまうと，患者はあなたに関することとかあなたと話すことは全く問題ない，と礼儀正しく答えるでしょうし，あなたはそれ以上探索できない以上，転移的な意味のある質問に対して，知らぬうちにこの種の答えを強化してしまうことになるでしょう。

　第2章にも述べましたが，患者の言うことを**共感的に聴くこと**は思うほど簡単ではないかもしれません。フロイトは精神分析家の聴く姿勢を，平等に浮遊し，平等に空中に留まり，自由に漂う注意として描写しました（Freud, 1912b）。共感的に聴くことはセラピーの初期において，患者について十分な

理解を得るためには特に重要であり，そうすることで彼らが話していることの意味をつかんでいるということを明確に示すことができます。深く理解されたという体験を患者に抱かせることはもちろんのこと，暖かい作業同盟の形成を促進しようとしていることを思い出さなくてはなりません。患者とセラピスト双方による困難な作業の後，ひとたび動き始めてしまえば，その先へと観察や解釈を進めていくことはずっと容易になります。

今やそこに生じていることは驚くべきことかもしれません！ 患者は自分の心に浮かんだことをなんでも言ってよいというあなたの許可と，彼らが言うことに本当に関心を向けてくれる人がいる安全な場所に抱かれるという感情に適応し始めています。初めはつま先を水につけて，それからゆっくりと深みに入っていく方が，いきなり飛び込んで情動を爆発させたり，痛ましい出来事について語ってカタルシスを味わうよりも良いと思う人びとがいます。最初は非常にガードの堅い患者がいる一方では，すぐにセラピストが自分の味方で，サポートを得られていると感じる人たち（特にある種の共感的関係をすでに体験したことのある人たち）がいます。後者の患者は信じられないほど安心を感じて，それが泣くことや，その他の感情表現となるかもしれません。

この章ではセラピーの流れを描き，前の章で紹介してきた様々な概念に触れながら，多くの事例をつかって話を展開しましょう。どんな概念も，よくわからないと思ったら，定義に戻ってチェックしてみてください。

通常のセラピーよりも短期の2例

数年前，私は同じ私立高校に通うふたりの若い女性の患者を紹介されました。その高校では最終学年に在籍していた17歳の生徒の自殺があったのです。このふたりの紹介は時間的にはごく近いものでしたが，友人同士ではなかったので，私はふたりとも引き受けることにしました。患者達は一学年違いで，ふたりとも同じ理由で（つまり両親が彼女達への自殺の影響を心配して）やって来たにもかかわらず，彼女達は治療を受けるという体験に対して全く異なった反応を示したのでした。

ハナは亡くなった生徒と友達で，やはり高校の最終学年に在籍しており，勉

学を続けることがとても難しくなっていました。両親は2年ほど別居中で，彼女は学校からはかなり遠いマンションに母親とふたりで暮らしていました。母親との関係は「とても近い」と表現されました。ハナは学校での友達づきあいについて，そして自殺について抱いた気持ちを母親にたくさん話すことができていました。亡くなった友人と「お喋りすること」に学校での時間のかなりの部分を費やしていたことを彼女から聞いた時，母親は彼女には助けが必要だと思ったのです。ハナは予約した日に来られないことがわずか1～2度あった後，セラピーに慣れ，学校や家以外で話せる人があることに安心したようでした。彼女はマンションに住み，両親が別居しているという理由で，すでに自分が他の生徒達とは違っていると感じていましたが，心理士と会わねばならないというもう一つの「違い」ができたことについて特に気にはしていないようでした。私と治療同盟を築ける見込みは最初から高いように思われました。なぜなら彼女は，母親との親密で価値のある関係を持っていたことで，別の年上の女性と肯定的な関係をもつ期待を抱きやすくなっていたかもしれないからです。

　ハナは彼女の仲良しの友人を失ったことに対する深い悲しみの感情を表現することができるようになり，徐々に今彼女が抱いている感情は父親が家を出た時の喪失感と似ていることに気付き始めました。彼女は父親の存在を失って非常に寂しかったのですが，母親を動揺させてはいけないと思っていたので，この喪失を嘆くことはできずにいました。この繋がりがわかってから，ハナは父親について，そして父親と共に過ごした幼いころの記憶について前よりたくさん話すようになりました。彼女は学校での生活も少し楽になり，無理のない勉強の計画を立てるためにガイダンス・カウンセラーとの面談も設定しました。彼女は幼い頃とは違うやり方で父親と再び関わることを自らに許したのでした。彼女はまた，亡くなった友人の家族，特に彼女が同じように失うことを怖れていた友人の母親と姉妹とも親密な関係を持ち続けることにしました。彼女は父親の家族である叔母や叔父達を失うことも怖れていたのでした。こうした収穫のすべてが，そしてセラピーで探索と理解を続けたいというハナの意欲が生産的な治療同盟が存在していることの証明でした。6カ月の短いセラピーの後，ハナは自分の選んだ大学に入学が許可されたことと，（皆さんも想像できたと思いますが）心理学を勉強したいと思っていることを私に告げました。彼

女は学校から葉書を送ると約束してくれました。

　イングリッドとはハナが治療に来ているのとほぼ同じ期間会っていましたが，作業同盟がまったく作れませんでした。イングリッドは16歳で，やはり自殺の犠牲者の友人でしたが，ハナほどには親しくはありませんでした。イングリッドは三人きょうだいの末子で，母親と継父と共に家に残っている最後の子でした。彼女の兄は大学に通うために家を出ており，姉は（数回精神科病院に入院したことがあり）あちらこちらの街を旅していましたが，どこにも落ち着くことができませんでした。イングリッドはこの姉に最も愛着をもっていたようで，自分が世間に見せるために選んだ見せかけの下は，姉にまさにそっくりであると感じていたようでした。それはおそらく精神病的なものです。彼女は私立学校での期待に応えようと必死に自分を駆り立てており，それは「精神病的な」側面を見せることに対する防衛でもあったのです。彼女のたったひとつの息抜きは学校演劇の活動に参加することであり，それは十分構造化され，他者から本当の自分を隠すという彼女の願望に叶ったものでした。

　セラピーの中でイングリッドは姉の問題について多く語り，彼女自身のことよりもそのことを心配しているように見えました。彼女自身が怖れていること，すなわち，主として自分自身に抱いている悪感情と自分が姉にそっくりである怖れ，を暴露してしまうことに対する防衛には，今回は踏み込めないようでした。こうした怖れを見つめるためのセラピーを受ける環境が安全な場所であると信じることができなかったので，イングリッドはセラピーを続けたくないと電話をしてきて，時期尚早に治療を終えてしまいました。

考えることと感じること：繊細なバランス

　患者の素材をどのように扱うかについては，もし作業中の自分自身に注意を向けていれば，聴くためのどんな方法が患者の話を正確に理解することに役立ち，どんな技術が患者の情動の激しさに呑み込まれないように自分を守ることに役立っているかに気付くことができるはずです。初心の治療者には，患者とその人の問題を，解くべきパズルとしてみることが彼らに役立つことだと思う人がいます。これは基本的に（生産的であるとよいのですが）知性化の利用で

す。第1章で述べたように，ある形態の認知的／知性的活動が，あなたの中でなんらかの形で感情的共感的努力と織り交ざり続けることは避けがたいことです。セッションの間中ずっと継続して理論的に，特に精神-力動的に考えることで，(少なくとも一時的に) 私は感情的な泥沼から抜け出し，患者がなぜこの感情を体験しているのか，それらがどのように患者の過去と現在の状況と，そしてもちろん私への転移と繋がっているのか，を明確にするという魅惑に耽ることができるとわかりました。

　患者と共にいて，考えるよりも感じることが多い時があります。もしあなたが完全に頭の中に留まって，自分自身に感情（特に患者の怒りや悲しみ）を体験させなければ，感情移入をすることは不可能でしょう。もちろん，もしあなたが完全に感情レベルに留まっていれば，患者がその感情を生育史や個人的力動の文脈において理解するのを援助することはできず，仲の良い友人が提供できるものを提供しているにすぎなくなってしまうでしょう。そこにはまさに**繊細なバランス**が必要です。

　上述したハナが，あるセッションで友達を失ったことで大泣きした時，私はすでに彼女の過去と現在の生活状況についてある程度のことを知っていました。私はハナのこの感情の激しさが，友人の自殺に対して自分がそれほど良い友人ではなかったことへの罪悪感を打ち明けたことによってだけではなく，父親が去った時の彼女の喪失感（そして途方にくれたという気持ち）によって少なくとも部分的に助長されていることを知的に知ってはいましたが，私はかなり長い間，彼女とその感情のレベルに留まっていました。私は彼女が体験している痛みの広がりに共感しようとつとめ，彼女がそれを感じるための時間と空間を与えたのでした。彼女が気持ちを表現するのに十分な時間（もちろん1セッション以上）を過ごせたことがはっきりと分かった後に初めて，それらの感情の結びつきについての私の知的な理解を提示しました。

　ここで求められるのは，セラピストが歩くこととガムを噛むことが同時にできるということです。つまり考えながら患者に共感することなのです。そしてその患者にとってどのタイプの介入が，どこで最も役立つのかを決定することになります。セラピストにとってプロセスは時として「上がったり」「下がったり」という動きのように感じられます。セッション中の様々なポイントで，

認知的レベルへ上がり感情的レベルに下がり，全体を通じて特定の場所にはとどまらないのです。しかし，もし患者が親しい人を亡くしたり，外傷的な状況や危機に巻き込まれている場合には，あらゆる策は置いておき，患者が必要とする間はずっと，（もちろん考え続けながら）私たちは感情的／共感的なレベルに留まります。

　精神力動的治療者に必須の感情と認識の間のこの微妙なバランスを取ることは，様々な種類の患者と作業をし，仮説をどのように組み立てるかを学び，そしてどのような特定の出来事がセラピストとしてのあなたに影響を及ぼすかを知り，どのようなタイプの患者だとあなたが共感しやすくて，どういった人だとより難しいかを知ることで（それはあなたの逆転移反応を理解することですが）容易になります。初心のセラピストの多くは，サイコセラピーでひとりの患者と1時間（あるいは50分）を共に過ごすことがどれほど努力を要するかを知って驚くものです。その舞台で継続せねばならない認知的作業，すなわち患者の過去と現在の生活の特徴を記憶し，いくつかの仮説を浮かべ続け，その中のひとつを選んで適切な時に提示することを考えると，こうした種類の思考はエネルギーを要します。もちろん共感することもまた多くのエネルギーを必要とするのです。

　すばらしいコメントや説明や解釈だと自分では思うものを患者に提示した時に，最初彼らがそれを拒否したとしても，それを放棄することはありません。今のあなたの仕事はそれが心の中のどのファイルにぴったり入るかを考えることなのです。後になって，もう一度初めの状態で試してみるべきでしょうか(叩き込む「hammering home」の説明を見てください，p. 36 参照) ？　何らかの形で修正してその改訂版をすぐに試すべきでしょうか？　しばしば患者が仮説を拒否する時，それはただ深く考えずに拒否するわけではありません。こんな発言がよく聞かれます。「いえ，それは違います。だって私は母親とそのような経験をしたことは一度もないのですから」。このようにして患者はあなたの仮説を改訂する有益なヒントを与えてくれます。患者の話を聴いた後でそれが不正確に思えたら，自分の解釈を放棄すべきでしょうか？　もしそれを放棄しないことに決めれば，その理論を溜めておき，より良いタイミングで提示するために心の内に漂わせておくことができます。ゆったりした気持ちでいるこ

とは最良の治療的結果をもたらすに違いありません。あなたは自分の心のスクリーンに同時にいくつもの仮説を持っておく必要があるかもしれません。そして心の揺り椅子を揺らすように余裕を持ってそれらの間を行ったり来たりするのです。

患者を理解することが難しいと思う時の例として，Greenson が（1967）自分の心の過程を以下のように書いています。彼がマリリン・モンローの分析家であったことを記憶していれば，その文章をより面白く感じるに違いありません（もちろんここで彼が言及しているのがどの患者なのかは分かりません）。

> この時点で彼女の話の聴き方を私は変える。外側から聴くのではなく内側から聴くことへシフトするのだ。私は自分の一部を患者にしなくてはならない。あたかも自分のことのように彼女の体験に入り込み，その体験が起きた時に自分の中になにが生じるかを内省しなければならない。ここで表現しようとしているのは，患者に共感している時に生じる過程なのだ。私は患者が描き出してきた様々な出来事を自分に体験させ，そして分析の時間や彼女の連想や情緒を，彼女がセッションの中で体験したと思われるように自分に体験させようとしている。私は患者の発言に立ち返って，彼女の言葉をそのパーソナリティに従って映像と感覚に変える。私は自分自身を，その映像と**彼女の**人生経験，**彼女の**記憶，**彼女の**ファンタジーに結びつける。私は何年かにわたってこの患者と作業を共にして来て，彼女の容貌や行動，動き方，欲望，感情，防衛，価値観，態度などによって形作られる患者の作業モデルを作り上げた。彼女が体験してきたものを捉えようと私が前景へとシフトさせるのは患者のこの作業モデルなのである。当面，残りの部分の私は共感されずに引き離されている。　　　　　　　　　　　（Greenson, 1967, pp. 367-368）

解釈の賢明な使用

ジェフは 39 歳の独身会社員で，女性との関係に問題があると訴えていました。彼はこの数年の間に何人かの女性と親密な関係を持ち，全員が彼と結婚したがったとのことでしたが，彼はその誰とも責任ある関係がもてませんでした。彼が付き合った幾人かは昔の女友達の友人であり，そのことが事態をさらに複雑にしていました。治療に入る時，彼は 28 歳の女性とつきあっていましたが，

彼女はそれまで長く人とつきあったことがありませんでした。交際をやめたいという旧来のパターンに彼が今回も直面した時，彼女は専門家の助けを借りたらどうかと彼に提案したのでした。

　最初のセッションで，ジェフは仕事上の成功を私に強く印象づけようとしており，自分の個人的な領域について語ることには気が進まないようでした。しかし彼がようやく話したことは，彼の母親が傲慢な女性であり，彼が大学の課程をまだ修了していないために出世をしたとは認めていないことでした。彼はかかわりあい commitment についての問題，特に今つきあっている女性との関係について考えたいと明言してセッションを終えました。

　ジェフは一週間後に2回目のセッションに現れ，晴れ晴れとした笑顔で，婚約しました！と発表しました。彼は私たちが語り合ったことについて考え，もはやこれ以上遅らせる理由はないと決定を下したようでした。そして今やサイコセラピーの威力の熱心な信者である女友達に，大きなダイアモンドの指輪を買ったのでした。

　さあ，どうしたものでしょう？　私は決断すべきところに来ていました。「おめでとう！　やりましたね！」と叫びたいのを抑えて，私はジェフに彼の考えと婚約に至った感情について話すよう促しました。それを聴きながら，私は婚約が行動化の可能性があるだろうと考えていました。おそらく最初のセッションが彼にとって非常に不安を喚起するものだったので，彼はこの特徴的な行動による防衛形態を動員する必要があったのです。私はセッションの内容について考えていました。彼は大部分仕事について，そして少しだけ関係性の問題について話し，それから母親について語りました。そして私は，セラピーがこれまで回避していた彼自身の情報を発見することに繋がりかねないと彼が怖れている可能性について考えました。もちろん週に1度セラピーに来ることは（この場合は一人の女性に対する）コミットメントも意味していました。そこで私は転移について考えました。私は彼の父親についてはまだ何も知りませんでしたが，申し分のない「装備 equipment」（大学の学位）を持っていないため，母親の期待には彼が応えられていないと感じていたことを知っていました。おそらく私は既にこの批判的な母親として体験されていたのでしょう。ニュースを伝えた時，おそらく自分が正しいことをして，私が喜ぶはずだと思ったこと

を示していた彼の笑顔と興奮を私はよく覚えています。

　この「考え事」が進んでいる間にも，読者がわれらが患者ジェフのことを心配しているに違いないということは分かっているのですが，彼がやったことの巧みさについての驚きに，私は今しばらく時間をとってしまったことを認めねばなりません。彼の無意識は，行動化という防衛を使って以下のことを成し遂げたのでした。女友達とかかわりあいをもつことを解決し，大きなダイアモンドの指輪を買うことによって蓄財に成功していることを示す機会を彼に与え，彼が不可能だと思っていた批判的な母親を安心させ，治ったことでサイコセラピーに関わることから，そして自分自身をよりよく知ることについての不安と怖れから彼自身を救い出したのでした。彼は自分自身を知ることが，自分の弱点に光をあてるだけに違いないと思っていたのですが，それは部分的には早期の母親転移によるものでした。

　私たちの気の毒な患者の中に諸要素が魅力的に組み合わされていることを考えつつ，私は何をすべきかをそろそろ決定せねばなりませんでした。こうして考えたことについてはすべて後の検討のために取っておくこと，そしてこの時点では以下の理由によって彼の行動を行動化とは解釈しないことを決定したのです。①仮説が彼にとって役立つかどうか分かるほどには私はまだジェフのことを知りませんでした。②まだ治療が始まったばかりなので，作業同盟を組む機会がありませんでした。そして彼が私の考えを聞くところまでどうやって到達するかわからず，彼を失うかもしれないことが怖かったのです。③解釈は，婚約とそこから得られるべきあらゆる洞察についての彼自身の考えや感覚に関するさらなる探求を未熟なままに抑え込んでしまうかもしれません。④私は彼の行動について私が早急な説明をすることによってではなく，じっくりと思慮深い協力関係に基づく作業により，セラピーの中での洞察が得られるということを，彼に学んでほしかったのです。

　その行動化を指摘することに関して考えつく唯一の合理的な理由は，①婚約をこれ以上公表せず解消することでジェフと婚約者に多少なりとも恥ずかしい思いをせずに済ましてあげられるから，もしくは②（かなり明確な）この防衛行動の一端を見抜くことができたことで，自分が賢いことを患者に示すこと，でした。後者の理由は誘惑的でしたが，私はそうしないという決定をくだしま

した。

　最後に患者に戻りましょう。私はジェフにこの 2 回目のセッションを使って，婚約したことについての意識的な見解を話すよう促しました。セッションの終わり近くになって，彼は自発的に母親について話し始め，このニュースを電話で母親に知らせることを躊躇していると語りました。

　ジェフは再来し，自分の考えを話すという本来の求めに応じたので，その後の数セッションで私は彼をよく知ろうと努力しました。私は彼が耐えられる限り感情レベルに留まり，彼の情緒がどのようなものかについて私が理解することを助けてくれるように彼を援助しつつ，その彼の情緒を肯定しました。約 6 カ月後に彼は婚約についてどう思うかと私に尋ねました。これは彼が自分自身の問題を探って行く準備ができたというシグナルであり，私たちはこのことについてその後の数週間にわたって話し合いました。この時点までに，それがおそらく彼の行動化ではなかったかという私の考えも伝え，私は彼の母親との関係と防衛スタイルについてかなり良く知ることができて，この解釈が彼にもたらすと思われる効果をよりよく予測できるようになっていました。ジェフの方では，母親を喜ばせようとするためにこれまでずっとやってきたことがうまくいかなかったという挫折感の深刻さに，以前よりも気付くようになってきました。彼は私を満足させられないことを怖れているかもしれないということもようやく受け容れられるようになってきていました。

　ジェフは 2 年間治療を続け，婚約を継続しながらも，結婚は延期することを決めました。母親への激しい怒りについても扱うことができるようになり，「能力が十分ではない」父親への同一化に対抗する防衛の必要性を意識化できるようにもなっていました。その防衛は彼が仕事において過剰に自己主張をする原因となっていたのです。彼はプレッシャーと社会的地位が若干下がる仕事へと転職したものの，それを楽しんでおり，そして 2 年後，結婚生活へと飛び込んでいく準備ができたと感じたのでした。

　およそいつでも，**解釈**について語ることを抜きにして精神力動的サイコセラピーのプロセスを討論することは難しいものです。精神分析と解釈とは車の両輪です。解釈はセラピストの主要な武器です。患者に解釈を提供することによって，あなたはその人の問題となる思考，感情，夢そして行動についての力動

的理解を提供します。それらをパーソナリティの力動と同様に彼らのこれまでの人生というひとつの文脈の中に持ち込むことで，第1章に書いたように彼らを助けるのです。

上のジェフの例でわかるのは，解釈が最も成功をおさめるのは，患者とセラピストの間に作業同盟が存在し，それがセラピストによって十分に考え抜かれ，時宜を得ていて，つまり患者がそれを聞く準備が最もよく整った上で与えられる時だということです。すでに述べたことですが，患者に耳を傾けてもらい，よく考えてもらうためには解釈はしばしば一度ならずなされなければなりません。

時として解釈が十分に聞き取られると，セラピーの流れを変えることができます。患者は自分が長い間どのように考えてきたのか，そして何をしてきたのかについて気付くようになります。

多くの患者にとって，特に治療の初めには，解釈は批判として体験されるということは心に留めておく必要があるでしょう。私たちの多くは，決めつけることのない見解を伝えてくれる親というよりは，少なくともある程度批判をしてくる親によって育てられているのです（このことは親が子どもを励ますことを学ぶことで少しだけ変わってきているのかもしれません）。さて，あなたが患者に心の波長を合わせている間に，患者はあなたの仮説（解釈）を役立つ所見と見なし始めなければなりません。セラピーを促進するためにせよ，自分自身いつも嫌っていた不適応パターンを理解するためにせよ，通常彼らはこのタイプの思考を自分自身でできるようになるでしょう。

解釈は彼らがなぜ治療に抵抗しているのかの理解を助けるために使われることもあるかもしれません。**抵抗**の概念は第1章に説明されています。可能性のある抵抗の解釈（理解の提示）をする時，私たちはしばしばセラピーを妨げる患者の（通常は）無意識の動機を指摘し，なぜこの時にそのようにするのかを考えるように促します。私が願っているのは，このタイプの介入が患者に自分の行動への意味ある洞察をもたらすだけではなく，治療において患者が前進するのを助けるようになることです。先に述べたジェフの場合，彼は時が熟さぬうちに女友達と婚約をしましたが，この行動化はセラピーへの抵抗として解釈されてもよかったのかもしれません。しかし特にジェフの過去の経験を考え

れば，このタイプの介入は間違いなく批判として体験されてしまったことでしょう。

沈黙が耳を塞ぐ時

　セラピー中の沈黙は時には抵抗，またある時には単なる間 pause です。沈黙は通常の対人関係場面ではほとんどそれが生じることが許されないために，研修生にとっては扱いが特に難しいかもしれません。精神分析において患者がカウチに横になりセラピストを直接見ない時には，沈黙は大分扱い易いものであり，時にはかなり長い時間続くことがあります。しかし，あなたが患者と対面している時には，沈黙は緊張に満ちて感じられ，どうしたらよいかわからなくなることすらあるかもしれません。それを自分が「いけないのだ」と感じて，沈黙を破るためにすぐに何かを考えようとすべきだと感じる患者がいます。これはしばしば彼らの対人関係場面での体験を反映しています。患者によっては沈黙になると自分の思いにふける場を与えられたことで実際には心地良く安全に感じる場合もあります。

　サイコセラピーの中での沈黙はいつでもその糧となるものです。いつもとは言わなくても，時々は抵抗について扱う上での糧となります。患者の沈黙を理解しようとする前に（あるいはもっと現実的には，セッションでの長引く沈黙を初めて体験した後で）日常生活においてでもサイコセラピーにおいてでも，沈黙に対するあなた自身の反応を理解することは重要です。それは患者の沈黙があなたに及ぼす影響を事前に知ることができるからです。これはスーパーヴィジョンやパーソナルセラピーや同僚との間でなされてもよいでしょう。沈黙の間，あなたはどのように感じたでしょうか？　どのくらいの沈黙には心地よく耐えられるでしょうか？　沈黙についてあなたを悩ませるのはどんなことでしょうか？

　初心のセラピストはしばしば長い沈黙，つまり2〜3分以上の沈黙には耐え難いものです。セラピストによっては患者から脅かされているとか，あたかも患者が自分を好きではないかあるいは話したくないかのように，そしてこういうことを自分がひどいセラピストであることの証拠であるかのように感じる

のです。そうではないと安心したいために，彼らは焦って患者が考えていることを見出す必要を感じているかもしれません。沈黙の間，自分が排除されているように感じるセラピストもあり，それは家族や人との交流場面においての彼らのこれまでの体験と関係しているかもしれません。また沈黙を決して許さない患者もいますし，時々話すことをやめる患者もいます。後者のタイプの患者を持っていたスーパーヴァイジーのひとりは，沈黙の間もう少し待ってはどうかと私が求めると，私が必要以上に彼女と患者に厳しいと考えました。彼女は患者を「イライラしたまま座らせておく」ようにさせるのは残酷だと述べて自己防衛しました。沈黙に耐えられないと感じたのはセラピストの方だったのです。

　患者が沈黙しているとき，それは意識的ないしは無意識的な検閲のプロセスが動いていることを示しているかもしれません。こういう場合に想定される理由としては，以下の可能性があります。患者が話していた事柄が，簡単には話すことができないようなもうひとつ別の考えを誘発しているのかもしれません。彼らは実際にその考えや体験／記憶に気付いているかもしれず，それは心には浮かんでいても，彼らはそれをあえて声に出してはっきりとは言わないのかもしれません。もしくは彼らは「何も」考えていないこと，「心に何も浮かんでこないこと」に気付いているだけかもしれず，何を感じ取り，抑圧しているのかを意識していないかもしれません。こうした状況の中で，語られない思考が続く間，私は患者がしばしばかなり意図的に遠くを見たり，視線を落としたりすることに気付きます。そしてその考えを終えると，彼らは再びこちらをまっすぐに見て接触への準備ができていることを知らせてきます。こうなるまで邪魔をしないのが最善の策です。自分の用意したテーマに添って，あるいは患者を困らせていると思う特定の事柄を持ち出すことによって沈黙を破ったとしても，患者の心の中に漂っているどのような意識的思考もしくは無意識的思考も決して知ることはできないでしょう。時としていつもセッションのある時点で沈黙に陥る患者がいるかもしれません。例えば開始直後や終了間近です。このような場合にはこの事態をひき起こしている開始と終了に関する事柄について理解を共有することは興味深いものです。

　沈黙が極端に長引き，臨床的に非生産的だと判断するなら，問いかけてみる

べきかもしれません。重要なのは，沈黙について批判的でなく，患者が治療中は沈黙が許されないわけではないと感じさせる介入をすることです。例えば「あなたは今何を考えていらっしゃるのかなと私は考えています」とか「今どのように感じているかを教えてくださいますか？」とか「何か私に話してみようと思われますか？」といった言い方で，すべての焦点が**患者の**体験に集められ，患者が考え続けていることを聞いてあなたが驚くかもしれないということに備えておくのです。ひとたび患者がその情報の全体もしくは一部を自発的に提供してくれれば，沈黙に至った特別な思考や感情のトピックについて探求することは通常興味あることです。

　絶対に沈黙に陥らない患者がいます。ある患者は「今日先生はスピード違反の切符を私に出そうとしているんじゃないかと思うわ」と言うのが習慣で，それは話すことがたくさんあり，できるだけ多くのことを私に話したいと思っているということを意味していました。そして，促されなければセッションの大半を沈黙で過ごす患者もいます。前者について言えば，発話の量と内省の乏しさが，より深い探求への抵抗となっているかもしれず，セラピストから適切な時にコメントがなされるべきです。後者の状況では，患者がすっかり沈黙している方が心地良いように見える時，これはセラピーやセラピストへの怖れ，セラピーを受けなければならないことへの受け容れ難い怒りの感情，もしくは他者といることに深刻な恥ずかしさを示すという人づきあいのスタイルを意味している場合もあるかもしれません。

自由連想

　一連の精神力動的／精神分析的セラピーの中には，患者の無意識をちらりと照らす光をひそかに投げかけるような，ある瞬間，しばしば興奮する瞬間があります。こうした瞬間が他の形態の治療には生じないものだという訳ではありませんが，それはめったに気付かれず，語られることもないのです。精神力動的セラピストにとって，無意識由来のものは金です。心に浮かぶどんなことでも話すようにと励まされている上に特定の構造を与えられていないので，このタイプのセラピーの患者は，カウチに横になっていてもいなくても，しばしば

自由連想をします。自由連想は，検閲なしに患者がある出来事についての考えに関連して，ある瞬間に心に浮かんできた考えを正確に描写しようとする時に生じます（例えば「母はいつでも私に批判的でした。ところで，このオフィスは色使いが酷いことを，ご存知ですか？　ここにいるとみんな黄色に見えますよ」）。その伸び伸びとしている様子と声のトーンによってそれが本当の自由連想であることがセラピストにはわかります。しばしばその思考は，特に患者には何の理由もなく生じて来ますが，心にそれが浮かんだ理由はすぐにはっきりとしてきて，患者と治療者双方に非常に重要な情報を提供します。その思考は「どうしてこのことについて考えているのかわかりません，でも……」とか「ばかばかしいことのようなのですが，この考えがちょうど心に浮かんできました」とか「何も関係ないのですが……」，というように持ち込まれます。

　私の 45 歳のソーシャルワーカーの患者は分析の終わりに向かいつつありましたが，彼女はこの数週間ほど，それが何かを特定できない大きな不安を体験していました。あるセッションで彼女は最初のうち沈黙していましたが，私が「ええと？」と言った時，ある曲をハミングし始めました（カウチに横になっている時にはこうしたことがより簡単に起こることが確かにあります）。彼女がもっと大きな声でハミングすると，私たちはふたりともそれがビートルズの "She's leaving home"（邦題：シーズ・リービング・ホーム）だと分かりました。彼女の理解によれば，この曲は家出をした若い女性の両親の視点から哀しげに歌われているといいます。彼女はこの連想から，母親が彼女を失って悲しんでいたのと同じく，私が本当は彼女の終結を望んでおらず，彼女を失ってとても寂しく思うのではないかという怖れについて詳しく述べることができました。彼女が結婚して別の街に引っ越した時，母親はひどく体調を崩して，その後回復しなかったのでした。別の言い方をすれば，離れていくことで彼女が母親を殺したと言えるでしょう。この患者は私が彼女の別離を生き延び，将来的に彼女が戻りたいと思う時，（少なくとも私が知る限りでは）彼女のためにそこに居続けてくれるということを知る必要がありました。自由連想の結果として現れたのが，この「新しい」素材，自分が去ることで私がどうなると想像するかという彼女の私に対する転移の一部でした。

夢を扱うこと

　当然ながら，夢は患者の無意識へと向かう価値ある素材を提供するもうひとつの窓であり，その人がそれ以前には気付くことのなかった洞察をもたらす可能性のあるものです。フロイトが自分の最高の仕事とみなしていた夢判断（1900）が出版されてからもう100年以上経ちますが，私たちは今でも彼独自の考えを数多く活用しています。初期には精神分析の技法は夢判断とほぼ同義であり，他の事柄を長々と話す患者は分析に抵抗しているとみなされました。夢判断の最初の章で，フロイトはドイツの作家ヒルデブラントによって1875年に書かれた美しい夢の描写を引用しています。

　　　夢の精霊の手にかかれば，奥深き信条，デリケートな感覚，閃く直観，鋭利な観察，はっとさせるような機知が，折りに触れ，どこからともなく織り成され，湧き出てくる。それらは，そもそも自分に備わっているなどとは，普段の覚醒生活からは思いもよらぬほどのものである。誰にでも，自分自身の経験からそれを確かめることができるのではなかろうか。夢には素晴らしい詩的情趣があり，優れた寓意を作り出し，比類無きユーモアのセンスを発揮し，わさびの利いた諷刺をひねり出す。夢は世界を独特の理想化の光の下に照らし出し，世界に現れる諸現象を，それらの根源に横たわっている本質から意味深く理解して，それらの効果を際立たせてくれるのである。夢は，地上の美をまことの天上の輝きのうちに，また崇高なものをいやます威厳のもとにわれわれに示し，普通に怖い物を身の毛のよだつ怪異として，また可笑しなものを言いようの無いほどに底の抜けた喜劇として，われわれに見せてくれる。そして時とするとわれわれは起きたときにもなお，こうした印象のどれかに深く満たされ，それゆえ現実の世界では自分はこのようなものを一度たりとも授かったことがないという気持ちになる。

　　　　　　　　　　　　　　（フロイトによる引用，1900, pp. 62-63）

　夢は，幼い頃から死に至るまで私たちとともにあり，今もやはり精神分析的治療においては大きな重要性があるとみなされています。更に最近の夢見ることに関する神経生理学のデータはフロイトが基本的にはそのアプローチにおい

て正しかったことを認めています。つまり夢には意味があり，この意味を理解することができるのです。医学は，私たちが誰でも睡眠の4つのステージを移行する際に夢見ることに驚くべき規則性があることも発見しました。私たちの大多数が一晩に3つから5つの夢をみています。夢はレム（REM 急速眼球運動）睡眠の間に生じ，もし幸運ならば一晩に約2時間をレム睡眠の状態で過ごします。そして夢は夜の間に長くなって行き，そのため最後の夢は長くて通常最も記憶に残りやすいのです（Frayn, 2005）。

　精神分析的セラピーや精神分析以外の治療形態においても，患者はもちろん夢を見ますが，彼らが夢について話したとしても，通常その夢は作業の焦点とはなりません。たとえ夢が注目されるにせよ，その患者の夢はまったく異なる方法で扱われるでしょう。

　Frayn（2005）は以下のように述べています

> 　満足いくように分類することが難しいタイプの夢は数多くあるが（中略）夢が「良い」（楽しい）夢か「悪い」（不愉快な）夢かは，［それらを］分類する基本的なやり方のようだ。もし夢が痛ましい情緒を避けるのを助けるようになっているのならば，それほど多くの不愉快な夢や悪夢はないはずだが，私たちは平均的な被験者の平均的な夢の 10 パーセントが悪夢であることを知っている。夢の中で体験される情動の役割は，それを語る中での役割と同様に主要なものであり，夢の物語そのものよりも重要であるかもしれない。
>
> （Frayn, 2005, p. 132）

　患者の生産物として，夢は貴重な素材であり，注意して扱われるべきです。患者が夢を語りはじめた時は，詳細にわたって注意深く聴き，妨げないことが重要です。夢素材の特徴から，患者はしばしば夢の内容や一貫性のある物語ではないことに戸惑うものです。記憶していることはどんなことでも，たとえそれが夢の小さな断片であっても話し，論理は無視するように励ますことが大切です。

　夢は，患者がその問題についてどれほど心配しているか，治療の中でどのように行き詰まっていると感じているか，あるいはどれだけ進歩したかを表しているかもしれません。時にはその進歩が患者の人生の中で定着する前にそれを

表すかもしれません。事実，治療に持ち込まれる多くの夢が患者によるコミュニケーションの形として利用されており，この夢をこの時に持ち込むことによって，患者があなたに何を話そうとしているのかについて考えることはしばしば生産的です。生活のある部分，例えば性的活動やファンタジー，あるいはそれどころか転移感情なども，夢に現れてきたものとして，より受け容れやすいやり方でそれとなく伝えることによってしか話せない患者がいます。ある患者にとっては，夢は治療者への贈り物です。彼らは「一緒に作業すること，特にあなたのオリエンテーションをどれほど信じているか分かってください，私はあなたにすばらしい夢をもって来ました」と言っているのです。

　フロイトは夢を主として幼少期からの願望充足として理解していました。彼は夢の解釈を心の無意識的活動を知ることへの「王道」だと書いています。フロイトが考案した（前述の）自由連想技法は，夢見ることにも用いられ，夢見る人にとっての夢の意味の洞察を提供します。今日，私たちは夢が無意識の幼年期の願望の他にも内的なメッセージを描写していることを知っているでしょう。夢は怖れや不安（フロイトは100年前に「試験の不安」について実際に書いています），葛藤を表し，外傷患者の場合には外傷体験を克服するために反復される努力を表しています（Gabbard, 2010）。

　現代の分析実践家達が初期の理論のあるものについては変更を加えてきたにもかかわらず，大多数の分析家と分析的セラピスト達はいまだにフロイトという師自身から伝えられてきた基本的概念を用いています。まずフロイトは夢の表層的内容を**顕在内容**と呼んでいます。顕在夢は人が記憶していて他者に話すことのできる夢の「物語」や断片です。彼は夢の根底にある動機と夢の象徴的意味を**潜在内容**と呼びました。

　フロイトは夢見る人が夢を構成するために利用していると思われる「法則」をいくつか明らかにもしました。すなわち，夢の潜在的（無意識的）思考は，数多くのメカニズムによって顕在的（意識的）思考へと形を変えるのです（Gabbard, 2010）。こうしたメカニズムのひとつが**圧縮** condensation であり，複数の願望や感情あるいは衝動をひとつの夢の中に結合し圧縮します。例えば夢の中のひとりの人物は夢を見る人が知っている誰か他の人物の特徴（髪の色やからだの大きさ）を持っているかもしれません。夢の中ではこのふたり

の人物がひとりの人物となるように結合しています。もうひとつのメカニズムは**置き換え** displacement であり，そこでは例えばひとりの人物（例えば母親）に結びつけられていた感情の激しさが，感情の負荷が少なくなるような別の人（例えば友人），すなわち代役に転換されるために，物語が話され易くなります。すると例えば「私は友達のジュディを車で轢いてしまった夢をみたんです。なんでそんな夢をみたのかわからないわ。私は本当にジュディのことが好きなのに」となります。**象徴表象** Symbolic representation とは夢見た人が激しい感情を表象するために象徴を使うことです。トンネルを出たり入ったりする列車の夢が性交を表象しているようなよく知られた例が思い浮かびます。この3つのメカニズムは，偽装の試みの，より初歩的なものです。もうひとつのメカニズムの**改訂** secondary revision は，より洗練されたものとされており，夢を見た人が目覚める前の夢の不合理で支離滅裂な内容を削除して合理的な物語にしようとする努力が含まれます。事実，私たちはなんらかの修正を経ない夢を聞くことはありません。それは患者が夢を描写し始める瞬間から改訂されるからであり，それを文字にしようとすればもっと多くの改訂が行われるでしょう。しかし，不可欠な要素はやはり通常は見分けられるものです。

　患者によって夢が描写されるのを聴いている間，私たちは上述のメカニズムのどれかが使われている可能性について考えることができます。防衛機制と同じように，特定の患者は特定の夢を構成するメカニズムを繰り返し用いる傾向にあるかもしれません。夢のメカニズムの中には機能的に防衛機制と類似していると思われるものがあります。

　こうした夢の法則あるいは無意識のトリックを承知していても，自己心理学者達は時として葉巻は単なる葉巻，つまり夢はただそれがそう言っているものにすぎないと考えています[訳注1]。彼らはこうした夢を「**状態夢** state dream」，つまり人がこの特定の時にどのように感じているかの説明のため，あるいはそれを伝達するために見る夢，と呼んでいます。

　「葉巻を吸う人」に関していえば，日々ほとんどの夢について彼が述べる別

訳注1）葉巻はペニスの象徴と考えられることが多いが，時には単なる葉巻である，ということを意味するフロイトの表現。

の考えは，彼の言うところの**昼の残渣**であり，それは患者のめざめている時の生活（通常は前日に見いだせる）に由来し，夢を促進し，物語の引き金となる要素に関係しています。以下の夢の中で昼の残渣は，前日の夕方に友人とした電話での長いおしゃべりであり，彼女はおしゃべりを終えるのに大変な苦労をしたのでした。

> 彼女は旧友と一緒にいて，この女性にあることが間違っていると言おうとしていた。友人は微笑み続けていた。とうとう患者は叫び始め，それから友人の頬をひどくつねりあげて引っ張ったのだった。それでもその友人はまだ微笑んでいた。

　その顕在夢は，この場合はそれ自体が情緒に満ちているものです。この若い女性が，何にでも常に正しくて，患者が会話を終わらせようとする時に新しく「大事な」トピックを話し始める面倒な癖をもつ友人に対していかに無力を感じているかという話でした。

　顕在的な内容から潜在的な内容へと移って，私は患者にその夢について何を考えるかを尋ね，夢の中でその人らしくないとか，いつもと違ってやむにやまれぬ感じのする特定の部分について連想を話してくれるように励ましました。しばしば患者自身，その夢の一部がしっくり来ないように思えることを不思議に感じるものです。

　上の事例では，患者は最初，友人の「何でも知っている」という態度について話していました。彼女はそれから話題を変え，死んだ母親は彼女が怒っている時でもいつも微笑んでいたこと，あるいは声を立てて笑うことすらあり，彼女の怒りにはなんら影響を受けていなかったようだったと話しました。彼女は，過去にも時折この友人が，ほとんど良い思い出を持たない母親を思い出させ，このことが友情について両価的感情をひきおこしているという漠然とした感覚を抱いていました。これによって彼女は，今の生活の中で自分が母親をいまだに生かしておく必要性について，より深いレベルにおいてゆっくりと気付いたのですが，これに気付いて彼女は心底驚きました。彼女の意識的な願望は，母親の死後できるだけ速やかに彼女を葬り去ることだったからです。そして私たちは人生の中にいる否定的人物を彼女が追いやることができないことについて

探索を始めました。

　こういうわけで夢の潜在的内容は，私たちが王道を通って表されている無意識だと私たちが考えているものですが，それは患者が夢のそれぞれに異なった要素に対して自由連想を行うことにより到達しうるのです。夢は患者の独自の創造として尊重されるべきで，彼らにとっては私たちには推測できないような意味をもっているに違いありません。それゆえに，**彼らの連想が重要なのです**。夢見る人は作家であり芸術家であり，私たちは観客です。セラピストが夢を聞いた直後に「解釈」を告げることは，せいぜい水晶玉を覗くようなものであり，最悪の場合には，もし治療者がそれをあまり頻繁に行うならば，患者が夢を探索することを阻止することになり，更に，もちろんのこと，精神力動的セラピストに対する誤った期待を作り上げてしまいます。

　私がインターンの頃，27歳の女性の患者が治療のかなり早い時期に夢を持って来ました。

　　　夢の中で，彼女は私のオフィスにいて，テーブルについて野菜スープをのんでいる。そのスープは愛情に満ちたあらゆる種類の緑の野菜のごろごろとした角切りがたくさん入っていた。私が来て横に座るまで彼女はゆっくりと食べていたが，私が来た瞬間，彼女はできるだけ速くスープを口に入れようとし始めたのだった。夢は彼女がスープをのみ終えられないまま終わった。

夢の顕在的内容は私には非常にわかりやすく，その終わり方はともかくとして，私の即座の連想は，この患者がすでに私のことをすばらしく養育的な人物で最も栄養のある食事を提供すると体験しているということであり，私の登場により食べる速度を上げたことは私との治療において協力しようという彼女の熱意を表しているというものでした。幸いなことに私は新しく獲得したばかりの専門的技術を披瀝することなく，患者が連想によってできるだけ潜在的内容を明らかにするようにできたのです。

　彼女にとってその夢は非常に傲慢な伯母のイメージを呼び起こし，その女性は家族の中の誰かれかまわず，特に彼女の母親にあらゆる状況で何をすべきかを言いつける人でした。幼い子どもであったこの患者は，食べないことが母親への唯一の反抗であり，それは母親をひどく困らせたために，母親は伯母に助

言を求めました。伯母はこの機会を捉えて，彼女が昼食のために学校から戻った時に，彼女の家にいて，「私に食べさせよう」としました。この伯母は，テーブルで彼女の横に座って一口ごとに「噛んで，噛んで，呑み込みなさい！」と言い聞かせたらしく，もちろんこれは相当恐ろしい体験になったのです。

　こうした発言が夢の転移解釈の可能性，つまり患者が私を怖れているかもしれないこと，そして／あるいは，彼女が望むよりもどんどん速く私に動かされてしまうことに怖れを抱いているかもしれないと理解する可能性を開いてくれました。夢の中での転移の顕れは次の節で検討しましょう。

　夢は防衛の機能をもち，それは例えば治療への抵抗となります。夢を見ているのに覚えていないということ，例えば「昨夜はけっこう深刻な夢を見て，先生がそこには出て来たと思うのですけれど，覚えていないのです」というようなことは治療者にとっては欲求不満になるかもしれません。この場合にはそれを，少なくともあなた自身は抵抗として認識しておくことが治療を全体として捉え，何がこの時にブレーキをかけているのかについて患者と共に理解しようとすることに役立ちます。夢の洪水を持ち込む患者がいますし，どれも色彩豊かに思えます。それは魅力的で，初めはまるで「スター」患者をもったように思えるかもしれませんが，もし夢があまりに多ければ，もしかすると抵抗として機能しているかもしれず，より困難な話題を回避することを助けているかもしれないと考えなくてはなりません。こうしたことが起きていることが疑えると思った時には，患者にそれを直接的に尋ねるのがよいでしょう。例えば「このところ数多くの夢をここに持ち込んでいることに気付いていますか？　何が起きているのでしょうか？」。あるいは夢の洪水に先立つセッションを振り返り，その時に何が話されたかを尋ねてみることができます。

　夢についての論議を終える前に，すべての夢が完璧に理解されるわけでも，詳細に検討される必要さえもあるわけではないことを心しておかねばなりません。ある夢は患者にとってより意味深いように見えるかもしれませんし，あるいはセラピーにおいて特別な転回点に現れるかもしれません。また他の夢はより「普通」であり，細かいところまで探求されると行き詰まってしまうかもしれません。時として後者のタイプの夢は，その時は重要に見えないかもしれませんが，後のセッションで患者によって想起されるでしょうし，振り返ってみ

るとよりよく理解されるかもしれません。くり返し見る夢は通常は不安夢です。こうした夢はしばしば時が経つにつれて以前より理解されやすくなります。セラピーの全経過において，患者と共に夢の隠されているかもしれない意味を発見するという作業は，共感と繊細さをもって取り組まれなければならないのです。

進んで行くこと

　セラピーが進むにつれて，最初のセッションでは持ち込まれてこなかった新しい問題が疑いなくもたらされて来るでしょう。例えば，記憶の問題があるという患者の事例では，彼女が父親によって性的暴行を加えられていたことは治療に入って数カ月経ってから明らかになりました。新しい素材が表れた時には患者と共に慎重に探索しなければならず，しばしばそれがすぐには表れて来なかった理由も同様に探索しなければなりません。上述の例では，この患者の父親は家族の中で愛情と受容を彼女に示してきたただ一人の人であり，そのために彼女にとってセラピーの初期には性的なことを「思い出す」ことはきわめて難しいことでした。これを知ることを自分に許してしまうと，幼少時に切実なまでに必要とし，そして忠誠を尽くしていたこの父親に対する自分自身の感情とセラピストの印象の双方に影響を及ぼすことになるのを彼女は怖れたのでした。

　セラピーの進展に伴って生じる可能性のあるもう一つの現象は，生育史の中や以前のセッションで聞いたのと同じ素材であっても，ひとたび患者を良く知ることによって今やそれはあなたにとって異なって聞こえ，より深い意味を帯びるということです。例えば，p. 86 の「早発性婚約障害」のジェフの例では，批判的な母親と不適格な父親について，既に生育史の中で語られてはいたものの，セッションの中で繰り返して異なる文脈において語られるに連れて，いまやあたかもそれは私が知っていて気に懸けていた，あのジェフについての話であるかのように，私には異なる効果をもたらしました。これによって通常，患者の人生に関する詳細があなたの頭の中に定着するようになります。その日の朝食に何を食べたかも覚えていられなくても，患者の友人や家族について，そ

して彼らの夢についてさえも非常に多くのことを自分が覚えておけることにはいつもびっくりしてしまいます。

フラグを立てることと進行中のセラピーで転移を扱うこと

　続いて読み進む前に，第1章の転移の部分を読み直すと分かりやすいでしょう。

　治療関係がまだ萌芽期にあるような間でも，患者のセラピー体験とあなたについての体験に関する問題はすでに存在するでしょうし，それは治療を通してずっと撚り合わさった糸のように続くでしょう。第1章で述べたように，このようなテーマは重要な他者との患者の体験が彼らの過去からあなたへと置き換わったものであり，時としてはセラピー状況全体へと置き換わったものなのです。この初期のテーマを通して，セラピストはサイコセラピーというこの新しいプロセスにおいて患者が心の中で何をしているのか，サイコセラピーをどのように分類してラベリングしているのか，そしてそれにどのように反応しているのかについての感覚を得ます。患者は，適応しようとする際に過去の状況や個人を使います。つまり彼らの早期の体験から得たある種の鋳型を用いるのです。

　必然的に生じてくる投影と置き換えを発見することは，セラピストにとって継続し続ける作業であり，ひとたびそれに気付けば，あなたはそれにフラグを立てることができ，コメントや解釈を用いて，患者がそれに気付くかどうか，そしていつそれを助けるかについて判断をすることができます。

　セラピストの個人としての特徴が患者に与える影響はいくら過大評価してもし過ぎることはありません。たとえ彼らが寝椅子に横になってあなたを見ることができないとしてもそうなのです！　あなたの言動はどんなことでも彼らにとっては最も重要なことになり，それはあたかもボリュームが上げられているかのようです。転移が展開しつつあっても，患者はあなたのパーソナリティの現実の手がかりに極度に敏感になっているでしょう。あなたについて患者がするコメントは，それが投影であろうとなかろうと，転移について扱うテーマです。これにフラグを立てることと，それが今すぐに探索されなくても，治療の

進展につれてどのように変化するかを見守ることは常に興味深いことです。以前にも述べたことですが，治療の早期に生じる可能性の最も高い転移，そして時としてずっと続くものは親転移です。治療の中期までには時としてきょうだい転移あるいは他の（祖父母や教師への）転移が明らかになるかもしれません。

　転移性反応を同定する方法はいくつかあり，第1章に述べたことも含まれます。患者はあなたが言ったことや出来事（短期間の休暇といったような）に極端に強い反応を示すかもしれませんし，あるいはひょっとしたら反応が乏しいかもしれません。患者にとっていつもとは違う行動の変化があるでしょう。セッションに遅れる，あるいは早くやって来る，あまり喋らない，あるいは喋りすぎる，誘惑的だったり軽薄だったりする，あるいはドレスアップして来たり地味な服装で来たりする，などです。あなたのオフィス外の生活にいつもよりも多大な関心を示すかもしれません。思いがけない時に贈り物を持ってくるかもしれません。あなたがどれほど役に立っているかを繰り返し伝えることであなたを喜ばせることに余念がないかもしれません。オフィスに他の患者たちがやって来たり帰っていくのを見て強く反応するかもしれません。セッション後にオフィスの玄関や建物に必要以上に長い時間居続けているかもしれません。

　こうした転移感情の徴候に対するセラピストの反応が重要です。あなたは転移行動を扱っているということを覚えておくことが最も重要なことであり，それがあなたの意識的あるいは無意識的な何かによってひきだされたかもしれないにせよ，それはやはり疑いなく患者の生活史と経験に関係しているのです。それゆえに，患者があなたを美人だとかハンサムだと言ったとしても顔を赤らめる必要はなく，患者があなたと恋におちたと言ってもあなたはパートナーに離婚してほしいと言う必要はありません。理想化転移を感じて浮き浮きした気持ちになるにせよ，価値下げされる転移を感じてがっくりするにせよ，性愛転移を感じて居心地悪く感じるにせよ，こうした感情は患者の過去の人びとがあなたに置き換わっているということを心しておくべきでしょう。そうすればこの観点からおおよそいつでも，いつかは患者とセラピストの双方によって，この状況は理解されます。患者と共にいる限り，彼らの視点から世界を理解しようとすることで，一連の治療の中で現れてくるさまざまな転移の意味がひとつひとつ解き明かされるでしょう。

しかし，ちょうどまったく転移的な空想の痕跡のない現実的な関係があり得ない（特に恋愛関係では）のと同様に，少なくとも真実の芽すらない転移反応はない（どんなに素敵なものであっても）ということは心に留めておくべきです。

過去からの置き換えは現在の治療者 - 患者関係の中にある要素がきっかけとなるのであり，それはより原初的な転移形態においてであってもそうなのです。そこには 2 つのレベルの転移が同時に作動しているとも言えるかもしれません。すなわち治療者 - 患者関係の中で「現実」の部分で，それが過去からの感情を呼び起こすものと，こうした印象の置き換えを表象する転移反応です。

時としてセラピストにとってはどちらのレベルで患者と治療作業を開始すべきかを知ることは難しいので，一般的に転移について知っていることすべてと，この患者に特別なことについて，そして進行していることについてのあなた自身の直観を心に留めながら，2 つのプロセスとして心に描くことが役立つかもしれません。最初のステップは，患者の今現在の感情をもたらしていると思われる今日の治療者 - 患者関係について話すことです。例えばこんな風に言えるかもしれません。「今，あなたは私に怒っていると感じているようですね」。もしこのコメントが脅かす感じを伴わずになされるならば，そして実際にそれが当たっているならば，患者はそれを聞いて同意することができます。こうした例で私たちが多くの場合怒りの感情を用いることは面白いものです。それはなぜでしょうか。

その患者は前回のセッションがあまりに唐突に終わったと感じられたので怒りを感じていたとしましょう。実際のところ，そのセッションは患者にとって早急に終わったかもしれず，セラピストは何か急いでいたのか，もしかするとセッションを終えねばならないことに居心地の悪さを感じたのか，なんらかの理由があったのかもしれませんが，実際にいつもよりも唐突にセッションを終えたのでした。ここには患者と治療者双方に原因がある可能性があります。セッションがどのように終わったかについての患者のわだかまりを探索した後に，このことが起きた時に患者が抱いた馴染みの感情，すなわちなんらかの記憶が持ち出されるかもしれません。例えばその患者は，何か大事なことを話そうとする時，過去において父親に急に遮られたと感じたと言うかもしれません。

そこでセラピストとの繋がりが以下のようにつくられます。「先週のセッションを私があまりに唐突に終わりにしたとあなたが感じた（あるいは実際に『私が終えた』）時，お父さんがあなたを遮った時にいつも抱いていた感情を思い出したのですね」と。このようにして患者は①セラピストに怒りを抱くことが「許される」こと，実際にそれは生産的な結果をもたらし，②セラピストと治療状況は怒りを生き延び，③セラピストは同時に置き換えの対象となり得て，彼らのなんらかの感情はセラピストに個人的に向けられたものではない，つまりそれは第１章に述べた転移の「as if（かのような）」の質を高め，そして④セラピーは考慮すべき過去からの重要な感情を刺激することができる，とわかるのです。

　時として患者が個人的な生活について侵入的と思われる質問をしてきて，あなたは窮地に立たされるかもしれません。私たちは皆どの程度の侵入に耐えられるか限界をもっており，それは通常私たちの家族的背景と関係しています。もし私たちが手慣れているならば，通常こうした不快な状況を，その質問に別の質問で答えることによって避けることができます。例えばもし患者が直接的に「この街のどの辺に住んでいるのですか？」と尋ねてきたら，「私がどの辺に住んでいると思いますか？」と尋ねることができますし，あるいは「わざわざ今あなたがそのことを尋ねるのは何故なのか不思議ですね」と言うこともできます。こうしたやりかたでそれを扱うのは，そしてこのことは実際に真実なのですが，あなたが患者と彼らの投影に焦点を当て続けており，あなたの生活にではないからなのです。つまるところあなたは本当に彼らの問いの理由に関心をもっていて，彼らの答えによって転移空想をはっきりさせることができるからです。

(i) 贈り物にこめられた転移的要素

　患者が贈り物をもってくることは，初心のセラピストにとっては扱いが難しいものでしょう。古典的精神分析はいかなる贈り物も決して受け取るべきではなく，あらゆる贈り物の意味が解釈されねばならないと規定していました。意識の上では善意の患者に贈り物を持ち帰らせることはかなり無情なことに思えるので，おそらく誰も，あるいはほとんど誰もが現在ではそういうことはしな

いのです。私は第1章で，ある患者が大きな砂時計の贈り物を持って来て，これは私たちふたりにとって大変愉快なことだったと語りました。私は他にも適切な贈り物，あるいは少なくとも私にとっては適切と思われた贈り物は受け取ってきました。それはクリスマスの時のチョコレートや，私のために試作してみると話していた焼き菓子といったものです。一度だけ，私は終結の時に患者から両親と二人の子どもの真鍮の像を受け取りました。その患者は結婚して二人の子の母親であるにもかかわらず，両親を自分の新しい家族からうまく引き離して新しい家族の境界を守ることが最も重要だということを実感することが困難だったのです。その贈り物は数年前にもらったのですが，いまだに私のファイル棚の一番上に陣取っています。この贈り物は私へのものだったのでしょうか？ それとも転移対象としての私へのものだったのでしょうか？

　贈り物について大事なことは，ほかのあらゆる物についてと同様に，転移の要素で，贈り物の動機，それについての患者の空想，つまりそれを選んだり，それを受け取った時にあなたがどのように反応するかを想像すること，などです。私たちは常に贈り物は，見かけとは異なるかもしれないということに気をつけねばなりません。砂時計を持って来た患者は確かにセッションを終わらせることについて問題をもっていました。「恋に落ちた」時に贈り物を持って来る患者があり，セラピストにとって特別な存在になろうとしている時にそうする患者もいますし，これは想像がつくことでしょうが，怒りを抱いている時に，セラピストをなだめたり，あるいは防御したりする方法として，贈り物を持ってくる患者がいます。セラピストに助けを求めようとする前に贈り物を持ってくる患者もいますが，セラピストは彼らの怒りに気付かないかもしれません。贈り物は時として抵抗になり，交換取引にもなります（例えば「あなたが母の死について追求しないでくれると約束するならばこの贈り物をあなたにさしあげましょう」）。しかしこうしたことでは完全に納得できない場合には，患者にとって贈り物が何を意味するのかを考えるのもよいでしょう。患者の人生の中で贈り物をくれたのは誰でしょうか，あるいは何の目的で彼らは誰に贈り物をあげたのでしょうか？

　贈り物について感謝の言葉を述べる，など人付き合いとして常識的に適切な行動をとった後で，その意味がまだ明らかになっていなければ，あなたは患者

に「この贈り物について話してくださいますか」とか「この贈り物をくださろうと決めた時にあなたは何を考えていらしたのでしょう」といった質問をすべきです。それがクリスマスのように贈り物をする「ふさわしい」時期であったとしても，特別な贈り物には物語があり，対話が受容的で決めつけない程度でなされる限り，患者はそれについて語る機会をもてることに感謝するでしょう。

贈り物が最後のセッション以外に持って来られた場合，それは転移反応を探索するための申し分のない機会を提供してくれます。患者があなたのために選んだもの，そしてあなたの反応をどのように想像したかが良い手始めです。ここでもすでに述べたように，贈り物と贈り物をすることへの彼らの関係は，通常彼らの家族の伝統と彼らにとっての贈り物の効果についての情報をもたらします。もちろん贈り物の意味は，あなたがた双方にとって適切と思えれば，その後のセッションの中でも引き続き話題にされるでしょう。ここで生じるかもしれない問題のひとつは，特にもしあなたがその贈り物をありがたく思いすぎたとすれば，たとえ患者がもうそうしたくはないと思ったとしても，彼らはもっと贈り物をもってくるようになるか，例年贈り物をするようになるでしょう。私たちが知っているように，転移というものは治療の異なる時点では異なってくるものなので，患者には同じ心の状態にとどまってほしくはありません。ですから，贈り物は大切に受け取りながらも，同時にそれは特別で，寛大な振る舞いであり繰り返される必要はないという意思表示をすることが大事なのです。

(ii) 夢にあらわれる転移的要素

私たちは以前にも，夢を扱う精神分析的／精神力動的方法について論じました。すでに述べたように，夢は非常にしばしば転移的意味を持っています。精神分析を継続していた中年の専門職に就いていた女性は，私について多くを知らないことを耐えがたく感じていました。治療開始から2年ほどして，内向的で孤立しがちな夫との結婚について話し始めた時，彼女は事実上自分達には性生活がまったくないことを明らかにしました。ある日彼女は以下のような夢を持ってきました。私はある建物の中にいて，そこには以前あなたが着ていたようなジャケットを着た女性がいました（これは彼女が偶然オフィスビルの中

で私と出会った6カ月ほど前のことでした）。彼女はジャケットを着ていましたが，下はビキニでした。彼女の足は，短毛の犬のような脚で，ちょうどダックスフントのようでしたが，しわが幾重にも折り重なっていました。［夢］

そのイメージについての驚きがおさまってから，私は彼女の連想を尋ねました。彼女は私の夫が生計を立てるために何をしているのかを見つけ出そうとしていたと言いました。「あなたが何を持っているのかはわかりませんが，私はあなたが持っているものが羨ましいのです」。そのイメージは私たち双方に，私のセクシュアリティについての控えめに言っても非常に両価的な見方をもたらしました。私が性的に魅力的であり性生活を営んでいることと，また私がそうではないことという両方の彼女の望みです。この両価性は姉に対して彼女が抱いていた感情の特徴であり，その姉は，自分にはボーイフレンドをみつける能力があるのに，患者の方は男性よりも読書に強い関心を抱いていることを侮辱的にからかったのです。しかしそれはまた私に関係しており，分析に対する彼女の望みにも関係していました。「セクシーな女性とはどういうものなのか教えてください」と彼女は言いたかったのかもしれません。しかしその時彼女は私が教えられるのかどうかわからず，そもそも私自身セクシーなのかもわかりませんでした。

あなたが扮装を施されていない役割を演じている夢があまりにもわかり易いものであったとしても，その顕在内容の裏側に潜んでいるものには惹きつけられるかもしれません。実際のところ，あなたは本当に誰か他の人の代理であるかもしれませんし，その誰かとは患者がもっとあなたに似ていて欲しいと願っている誰か，あるいはあなたがもっと似ていて欲しい誰かもしれないのです。

繰り返しますが，患者はセラピストに向けて直接は言い難いことを伝えるために夢を使うことができるのであり，そうした感情はしばしばセラピストやセラピー状況についての空想に関係しています。すべての夢が転移の要素を持っているわけではありませんが，あなたがそれをよく見てみれば，巧妙なやりかたで隠された手がかりを見つけることができるかもしれません。

(iii) 分離における転移的課題

無意識と転移感情へのもうひとつの重要な窓口は，分離や休暇という引き金

であり，それが十分事前に計画されていたものであってもそうなのです。あなた自身がサイコセラピーや精神分析を体験していない場合には，患者への分離の影響をおそらく過小評価してしまうでしょう。長い週末は，それが予定された国民の休日であったにせよ，あるいは患者自身が出かける場合にせよ困難がつきものです。特に休暇が月曜日や金曜日にあたる場合です。もちろん分離があなたの取った休暇によるもので，患者が後に残される場合はさらにもっと難しくなります。分離は見捨てられることとして体験され，あなたからの分離を患者がどのように扱ったかは，彼らの喪失への反応について重要な情報を提供します。

これはもちろんあなたが休暇を取るべきでないということを意味しているわけではありません。セラピーの枠の外で起きる他のイベント同様に，休暇への反応がセラピーに価値ある題材を与えてくれます。クリスマスや他の休日に患者と会うべきだと考えていたインターンをスーパーヴァイズしたことがあります。第1章の作業同盟のところで述べましたが，仕事に責任を持つことはとても大事です。しかしながら休暇を取らないことや，国民の休日にオフィスに仕事に来ることは，患者があなたなしではやっていけないほど悪い状態にあるとあなたが感じているか，あるいは実際には患者なしにはやっていけないほど，あなたが彼らを必要としているというメッセージを伝えることになるのです！　患者は彼らに会えずにあなたが寂しがっていると想像するかもしれませんし，あなたが彼らに魅力を感じているとか，自分達はあなたにとって家族や友人よりも楽しいと想像するかもしれません。そのいずれも伝えるには危険なメッセージですが，少なくとも休みの取り方に関しては，いい手本にはなっていないことになります。

セラピストは来るべき中断を，無理のない限り早めに患者に知らせることで，セッションの時間に責任を持っていることを伝えることができます。それに要する時間は患者によって多少の違いがあるかもしれず，休みについて話し合うのに長い時間を必要とする人もいます。しかし，休みはしばしば痛みをともない，事前通知の回数にかかわらず，患者はしばしば来るべき休みを「忘れる」ということを覚えておくべきでしょう。休むことに罪悪感を感じているセラピストは，時としてこれに共謀します。あなたの休暇の初日に鍵のかかったドア

のところへ患者がやって来ることは，患者と治療者の双方にとってひどいことです。そのために，私は通常来るべき2～3週間の休暇を1カ月前には知らせるようにしていますし，休暇直前のセッションの間に，しばしばこれからやって来る休みについて彼らがどのように感じているかを尋ねることによって患者に休暇を再確認し，それによっていわば一石二鳥を試みます。

　セッションを休まなくてもよいように，あなたと同じ時に休暇を取る計画をしようとする患者がいます。精神分析ではこれが普通のことです。彼らの家族や仕事があなたの休暇の計画によって影響を被るので，こうした患者にはできるだけ早く何回にもわたる事前通知が必要になります。

　もし国民の休日がセッションの日に重なってしまうことに気付いた時には，できれば，時間変更を約1カ月前には患者に申し出るべきです。このことは患者に①治療の中断にあなたが注意を払っていること，②あなたが仕事の責任を大切にし，できるだけセッションをなくさないようにしたいと思っていること，③あなたがセラピー外の彼らの予定を尊重しており，そのために別の都合のよい時間を取るために予め知らせようとしていること，を伝えます。

　すでに述べたように，長期休暇と休みは通常患者にとって喪失のテーマの引き金となります。患者は誰でも休日をとる資格があることは頭で分かっていても，しばしばそこには昔なじみの友人に対するような感情があり，あなたが離れていくことに怒りを抱くのです。以下のような感情があるかもしれません。「一体どうして私を置いて行けるのかしら，よりによってこんな時に？」それは患者にとって，しばしば人生において特別に折りの悪い時，彼らがこれまでになくあなたを必要とすると予想される時に休みがあると思われるからです。時にこれは，クリスマスで家族に会わねばならない時とか，離婚を成立させる時とか，愛する誰かを失った時といった現実に基づいています。しかし，時としてセラピストが離れていくことが，危機が起きると感じさせるようなパニックの感情を促進します。そしてまた時には，患者はあなたが離れていこうとする直前に，あなたが行ってしまわないように行動化し，危機を促進するかもしれないのです。

　分離についての患者の感情を扱っている時には，彼らを置いていくという自分の感情について意識化しておくことで彼らの感情を話し合うことができるで

しょう。しばしば患者は治療中の休みがどのように感じられるかについて自発的には話したがらないので，あなたが問いかけねばなりません。そして休みを取るという意向を伝えたならば，あなたは以下のように言うのがよいでしょう。「2回（あるいはそれ以上）のセッションがなくなることについてどのように感じられますか？」。それに対する答えのみが患者の最初の反応でしょう。続くセッションでは，休みが近付いてくること，患者の振る舞いや，彼らが持ち込む素材，見る夢，迫り来る分離に少なくとも部分的には関係しているかもしれないことを心に留めておきましょう。そして分離がやって来ることについて患者がどのように感じているかについての質問をもう一度取り上げるべきです。これはやり過ぎに思えるかもしれませんが，実際のところ，このやり方はよく考えた後で，自分の感情についてさらに語る機会を患者に与えることなのです。

　特定の転移反応は患者の生育史から予測されるでしょう。そしてまた，患者との作業の中であなたが，転移的にどこにいるかということが，何が予測できるかという情報を与えてくれるでしょう。例えば，これまでのところ親への転移があるならば，あなたがいなくなることは，両親がいなかった悲しい早期の体験を呼び起こすことになるかもしれません。すなわち不在の親，病弱あるいは抑うつ的な親，親の死，あるいはいてほしい時に決してそこにいなかった親なのです。もし特に押しつけがましい親，あるいは口やかましい親を持っていたならば，彼らはあなたの休暇のニュースをほっとして歓迎するかもしれません。彼らを置いて遊びに行ってしまう親をもつ患者の中には，排除されるという感情が引き起こされるかもしれません。目下性的な転移がおこっているとすれば，患者はあなたと一緒に行ってしまう誰かを空想して，あなたのパートナーあるいはあなたと共にいると考えられるいかなる人に対しても激しく嫉妬するかもしれません。きょうだい転移があれば，（お母さんはいつもあなたを一番愛していた，というように）患者はあなたが夏期／冬期休暇を取ることができることに，あなたが自分よりもお金を持っていること，あるいは自分よりも簡単に仕事（彼らのことである！）を離れられることに妬ましさを感じるかもしれません。

　おわかりのように，これらすべてはきわめて豊かな素材であり，もしあなた

が休暇を取らなければ得られなかったものでしょう。こうした感情が喚起され，そして安全で決めつけられることのない環境の中に受け容れられ，探索されて理解されれば，その時に患者があなたをどのように認識しているのか，そして分離と喪失に対して患者がどのように反応するのかについて，あなたと患者はとても多くのことを知ることができます。もし患者があなたの休暇について知りたがれば，以下のように尋ねるのを怖れることはありません。「私がどこへいくと想像しますか？」「私が誰と行くと思いますか？」「セッションがない日にあなたはご自分がどのように感じると思いますか？」「この時間を乗り切るためには何が役に立つでしょう？」

　Basch（1980）が指摘しているように，あなたがどこへ行くのかについて患者に言うかどうかには，定式化された答えはありません。あなたの所在が分からないことの不安が患者にとって生産的で創造的な刺激であると信じるならば，彼らに事実としての情報を与えることによってその可能性をフイにしてしまうことは生産的ではないでしょう。Baschは私たちに，あなたの行く先を話すことが患者の自立への能力をみくびることになる状況もあるということを思い出させます。「What about Bob ?」（邦題：おつむてんてんクリニック）[訳注2]という映画をホラー映画だと思う人にとって，あなたがどこにいるかのヒントを少しでも与えるなどということは受け容れ難いものです。しかし極度の危機に陥っている患者にとって，あなたのおおよその所在を知ることは心穏やかに落ち着く影響を与えるでしょうし，あなたが彼らにとってまったく役に立たないわけではないということや，あなたが彼らとのセラピーを再開する予定であることを理解するのを助けるでしょう。また，万一の場合のために，あなたが信頼している替わりのセラピストの名前と連絡方法を患者に伝えておくことは，ほとんどの患者がその情報を利用することはないにせよ，非常に助けになるでしょう。

　もし治療経過がすでに長い場合には，あなたの休暇に対して患者が時と場合によって異なる反応をすることに気付くでしょう。一度患者にどこにいるかを

訳注2）おつむてんてんクリニック：1990年に製作された映画で，恐怖症のかたまりである患者のBobが精神科医のバケーションに乱入し，しまいには医師と患者の立場が逆転するというシチュエーション・コメディ。

告げたからといって，彼らが次の時もそれを知る必要があると思うか，あるいは知りたいと思うかどうかは必ずしもわからないものです。患者のその変化に気付くことで患者の進歩の指標を双方が知ることになります。もちろん最終的な分離は終結であり，そのことは第7章で取り上げます。

(iv) オフィスの外で患者に出会うこと

　もうひとつ別の転移（そして逆転移も！）反応の引き金となる可能性のあるものは，患者がオフィスの外で偶然あなたを見かける場合です。患者を待つ間，あるいは見送った後に，誰かと話したりするあなたの様子を患者が時として見かける可能性があります。自分以外の人とあなたがどのように関わるかは，常に彼らには最も重要なことです。もし他の患者と話しているのを見かければ，きょうだい間の競争感情を思い起こさせるかもしれません。例えば，その患者はたぶん自分よりも面白いか，より好かれている，という風に。もし同僚と話していれば，ましてや冗談を言い合っていて，患者がオフィスに向かって来た時，敏感な患者や被害的な患者なら，あなたが彼らのことを同僚に，特に彼らがどれほどおろかで扱いづらいか，と話していると確信するかもしれません。時として患者は，自分がかつて見たことのない部分をあなたが見せていることを残念に思ったり，あなたが彼らの話を受動的に聴いている時よりも活き活きと会話をしているように見えることに気付くかもしれません。患者はそれを妬ましく思い，あなたの同僚になる空想をもつかもしれません。このようにあなたに出会った時に彼らがどのように感じたのかを尋ねることによって，前述した治療の題材がもたらされるでしょう。

　セッション外で知ったあなたの行動がいつもと違っていることが患者にとっていら立ちになったり，不愉快であったりする場合もあります。かつて患者とエレベーターに乗り合わせた時，私はそこにいた人に行き先階のボタンを押してくれるように頼みました。セッションの中で，私たちが偶然出会ったことについてどのように感じたかを尋ねると，彼女は私が「攻撃的すぎる」と言いました。これにはまったく驚いたものでした。

　オフィスビルの外で，日常生活の中で患者に出会ってしまうことは，患者にとって転移感情を，セラピストにとっては「あれまぁ，私の患者がいた」とい

う感情を刺激することもあるでしょう。セラピストによってはそのような状況で患者に気付いたことを示さないようにする人もありますが，彼らは自分たちの見られたくない願望を，路上で気付かれたことが患者を戸惑わせるかもしれないと自分に言い聞かせて合理化します。これは無礼なことです。患者にレストランや映画館で出会った場合に，最善の行動は「こんにちは」と言って微笑むことです。大多数の患者はこのタイミングで，あなたが彼らに気がついたということや出会えて嬉しいということ以上のことは望まず，あなたが彼らを避けたいと思うことも望まないものです。彼らは同行者が誰であってもあなたを紹介したいと思いませんし，あなたが誰と一緒でも紹介されたいとも思ってはいません。

　しかしながら，丁寧に対応することがより難しい状況があります。数年前，私はトレーニングに行っていたクラブのロッカー室でひとりの患者に出会ってしまいました。そこは私のオフィスに近い場所でした。私は全裸で，できるだけ急いでタオルをつかもうとし，彼女は服を着ていました。かなりきわどい事態が展開したのです。私はごく手短かに彼女に挨拶をすることができましたが，間違いなく落ち着いてはいられませんでした。次のセッションで，あそこで私を見かけたことについてどのように感じたかを尋ねると，彼女は「悪くなかったわ」，なぜなら彼女はいつでも「自分の魂を私にむきだしにしている」のだからと言い，その時は「私が自分の体をむき出しにしていた」ということを暗に意味したのです。その時まで彼女は，私がオフィスの外で存在していると考えられなかったことも明らかになりました。私たちは後者について，彼女が体験してきた親密な感情と依存に対する防衛であることを理解しました。上述のように，もしセッションの外であなたを見かけたことについてどのように彼らが感じたのかをあなたが尋ねなければ，彼らはそれは治療とは関係がないと思ったり，双方にとって気まずいだろうと思って自分たちから進んで話すことはなく，その好機は逃されてしまったでしょう。

　一般的にセラピーの中期には，あらゆる種類のすばらしくて予想もできないことが起きるものです。経験を積んだサイコセラピストにとっても，開始時や生育史を聞き取るセッションからは予測できなかった新しい難題が生じてくるでしょう。まったく新しい素材が現れ，転移のテーマが登場し，治療への抵抗

が生じます。それらは時には非常に独創的な仕方で明らかになるでしょう。ひとりのセラピストとして，また人として，あなたの知と判断の成熟，そしてあなたの忍耐強さと根本的なケア能力が試されるでしょう。あなたの逆転移に関していえば，時に共感的に患者の話を聴くことが非常に難しくなるかもしれませんし，またある時にはあなた自身のコメントや解釈を，語るにふさわしい時を待ちつつ保持しておくことが難しくなるかもしれません。セッションの中で自分自身の情緒を理解するのが難しいことがあるでしょうけれども，ひとたびそれを理解すれば，患者の理解に利用できるようにその情緒を持っていて，患者が情緒を十分に表現するのを妨げたり禁じたりしないように持ち堪えていなければなりません。逆転移の取扱いと利用についてはさらに次の章とその先の第8章で述べましょう。

　サイコセラピーを実践するという仕事は手強いことですが，とんでもなくわくわくすることであり，やりがいのあることなのです。

第6章
防衛的な患者を扱い続けること

　第1章では，いくつかの意識的そして無意識的な心理学的防衛機制を定義づけ，説明しました。この章では，しばしば挑発的な行動の現れに対処する上での，より気軽に読めておそらくより実践的なものを提示しましょう。

　どんなレベルの治療体験にも常に挑戦的な患者というものはいるものですが，初心のセラピストが扱うには危ういようなある種の患者と直面するという特別な試練があります。以下の分類はDSMの診断ではありません。それは通常はある人びとが活用する防衛のタイプ，あるいは防衛的スタイルを特徴づけるものであり，特に彼らが不安を喚起される状況（例えばサイコセラピー）にある時に見られるものです。その中のいくつかを楽しく読めるように以下に挙げてみました。経験を積めば，あなたにも間違いなくすぐにそのリストに追加することができるでしょう。

「聡明な」患者

　このような患者はセラピーに来る前に心理学の理論に関する数冊の（通常あなたよりもたくさんの）本を読むことによって自らを武装してきます。そして，治療の初期，しばしば最初のセッションで，非常に挑戦的なやり方であなたの理論的オリエンテーションについて尋ね始めるのです。初心のセラピストは（経験を積んだセラピストでもしばしばそうなるのですが）ここでたじろいでしまうものです。本当のところは，学生であるセラピストは確たる理論的オリエンテーションなど持っていませんし，まだ持つべきでもありません。初心のセラピストは様々な方法のサイコセラピーを実践することを学んでいるところであ

り，より経験を積んだセラピストは患者の要求を把握し，それに従って自分達の治療作業のやり方をしばしば調整するのです。

　この質問は，共同作業をしていくうちに，後になってより深く考察されることになりますが，この時は「あなたがなぜ今このことを尋ねるのか不思議ですね」とは言うべきではないでしょう。もしサイコセラピーを受けるためには「弱い」とか「感情的である」ことが求められていると彼らが想像しているならば，その質問は患者にとって，おそらくそうあらねばならないことへの恐れに対する防御方法なのかもしれません。あるいは，あなたがすぐに彼らが内面的にどんなに「悪い」か発見してしまうだろうということが心配なのでしょう。患者は利用者として，早期のこの時点で，何らかの答えをもらう正当な権利があります。その答えとして，自分の現在のスーパーヴァイザー（あるいは分析家）のオリエンテーションを伝えるセラピストもあり，それがあながち間違っていないのは，これらの人々が治療活動に多大な関与をするからです。**折衷的** eclectic，という言葉は 1990 年代には患者を満足させるために使われましたが，今日ではあまり通用しなくなっています。

　もしあなたがこの本の中で論議されているような，力動的なオリエンテーションをもつセラピーを行っているならば，それを説明する最善の方法はおそらく，彼らの問題の根を理解することに基づいた治療であると説明することです。以下の言い方は役立つかもしれませんが，この質問は患者側の防衛的な作戦行動かもしれないので，おそらく全部を言う必要はないことを念頭に入れておくべきでしょう。あなたは彼らの生育史と家族背景を聞くことになり，その観点から彼らの現在の問題を共に探索することになるでしょう。また，セッションによってはふたりがひたすら現在に焦点をあてることになるけれども，過去について，そしてそれが今日にどのように影響しているかを語る時もあると言うかもしれません。また自分は指示的なセラピストではないので，彼らに何をすべきかを言うことはないだろうと付け加えてもよいでしょう。

　患者はとても知識が豊かに見えたとしてもあなたの言ったことのかなりの部分を理解してはいないかもしれないこと，そしてあなたが話すのを聞いてあなたが自分の仕事に自信を持っていることに安心したいだけなのかもしれないということを心に留めるべきでしょう。思慮深く応答することは，あなたが厳密

に何を言うかには関係なく，鎮静効果をもたらすことができるのです。

「それほど聡明ではない」患者

　この患者はセラピーとは何か，ここで自分が何を期待されているか，あるいは彼ら自身の問題についてすら何も知らないように見えます。このタイプの患者は学歴が高くても，彼らはあなたが天才であり，あなたの発する一言一句が彼らのこれまで考えついたどんなことよりもはるかに素晴らしいかのように振る舞うかもしれません。それは本当らしくは聞こえないので，そこには無理な理想化という感覚があります。

　この知ることの欠如は，患者自身のセッションをコントロールしたいというニード，つまり彼らのとっている行動とは正反対のものに対する防衛であり，反動形成とよばれるものであるかもしれません。あるいはあなたが彼らを助けることはできないという恐れを体験しているのかもしれません。それは不安かもしれません。それはあなたを全知だと感じさせようとする試みで，彼らが両親やきょうだいとの間で持っていた癖かもしれません。

　いずれにせよ，患者が不安を感じていて，そのことについて話したいように見える，と穏やかに指摘するのが一番よいでしょう。うまくいけば，セラピーが進むにつれて，彼らの防衛の動機と自分を軽視する行動がいかにこれまでの人生で演じられてきたかの両方を理解することを期待できます。

上から目線の患者

　この種の患者は，治療の早期に，もしあなたがインターンならば，そのインターンという立場について，あるいはもしあなたがもう少し経験を積んだセラピストならば，あなたの犯した些細な間違いを引き合いに出すでしょう。このタイプの人は，自分が難しいと思う問題を説明する時，あなたにスーパーヴァイザーは誰かと尋ね，「このことについてあなたのスーパーヴァイザーと話し合う必要があると思います」というようなことを言うので，あまり経験を積んでいないセラピストにとっては特に扱いにくいものです。あるいは「私が先週

お話したことについてあなたのスーパーヴァイザーはどのようにお考えでしょうか？」と聞いて来るかもしれません。

　もしあなたが訓練中ならば，患者は自分があなたの立場の人と会うことをおそらく知らされていて，それに合意しているということを忘れてはなりません。多分彼らは治療をうまくコントロールできてそれだけ自分の身を晒すことがなく，セラピストよりも頭が切れるように感じ，自分達の「悪さ」や「病気」が発見されることなく安全を感じることを望んでいるのでしょう。事例によっては，こうした患者がスーパーヴァイザーもしくは権威ある人物が後ろに控えているという事実に問題を持つかもしれないので，彼らの転移が初めはこの想像上の人物に向けられたものとして現れてくるかもしれません。その場合，この防衛が初心のセラピストの力を削いでいる可能性があるので，通常は「あなたは私のスーパーヴァイザーに言及されることが多いのに気付いていらっしゃいますか？　スーパーヴァイザーについて何をお考えなのか仰ってください」とか「私がインターンであることがあなたにとって気がかりになっているのかもしれませんね。そのことについてお話いただけますか？」と言うことで正面から立ち向かうのが最もよいでしょう。

　患者は経験を積んだセラピストに対してもこのように振る舞うことがあります。私のかつての患者は，私が十分に深くて包括的な解釈を提示したと思う時，例えば早期の家族体験を彼の現在の苦しいジレンマに結びつけて，どれほど彼がこれまでやってきた破壊的なやり方で物事に対処するように拘束されてきたかを示した時にはいつも「それはわかりきったことだと思いますよ」と言ったものでした。そして私が問題について私たちのこれまで理解してきたことを要約し，注意深く別の視点からそれを捉えると，彼は「そんなこと前から分かっていましたよ，多分あなたは分からなかったでしょうけれど」と言うのでした。私は彼が軽蔑の眼差しをするのをカウチの後ろから感じ取ることができるほどでした。この場合，患者は自分の感情を恐れており，そのために私が彼に近付くといつもこの偉そうな防衛を使いました。これは特にセラピストとしての自尊感情を蝕み続けるかもしれません。

　特に治療関係の初期においては，こうした行動は防衛であり，つまりそれは強烈な不安のように望ましくない感情を防衛している，ということをとにかく

覚えておくべきでしょう。患者があなたを本当に不適格だと考えている，というような額面通りのとらえ方をせず，うまくいけば彼らの不安を軽くできるかもしれない，というように彼らと理解し合うのが最良の策です。

侵入的な患者

この患者はあなたに関することをできるだけ数多く見つけ出そうとします。彼らは「結婚指輪をはめておられるのを見るとご結婚されているのですね」と最も明らかなことから始めるかもしれず，そしてそこから進んでいきます。この患者の注意から逸れるものは何もありません。あなたの髪も，あなたの服も，オフィスの絵も，です。そして彼らは通常あなたを不快にする単刀直入な質問をしてきます。

かつて私のある患者は，デスクの上にたまたまあった車の鍵を観察したうえで，私が駐車している場所をみつけようと見張っていました。当時彼女は大抵セッションの中でそのことについて，「今日は出口にとても近いところに駐車したのですね」とコメントし，ある時には「車の中に某劇場のプログラムがありましたよね，あの芝居を観たんですか？」と言いました。

時として侵入は批判的で，あたかも患者は「値踏みをしよう」としているかのような印象を与えます。しかし，それは滅多に批判を目的としてなされることはありません。これは，患者によっては自分の家族の中で「親しく close」なるやり方として学んできたスタイルなのです。あるいは，あなたと同一化しようという懸命で無謀なやり方かもしれません。上述の例では，セラピーが進むにつれてどんどん明らかになってきた性愛転移の徴候でした。

精神分析家と精神分析的に方向づけられたサイコセラピストに求められるもののひとつは，転移性の投影への影響ができるだけ少なくなるように，できるだけ匿名的でいようとすることです。Greenson（1967）が以下のように述べています。「精神分析家について患者が知っていることが少なければ少ないほど，その空白を自分のファンタジーで埋めやすくなることは疑いのないことだ」（p. 274）。侵入的な患者はこのことを特に難しくします。セラピストは自分の生活についての患者の質問に答えないということで，自分が患者から剥奪し続

け，あるいは冷たく，あるいは非人間的に居続けていると感じるかもしれません。スーパーヴァイザーや同僚が，その質問の動機やタイミングについて尋ねることでボールを患者のコートに戻すことを提案すると，このセラピストは自分が患者に与えないでおくとか自分を患者の「上位」に置くように受け取られると感じるかもしれません。しかし私たちがこのタイプの防衛を扱う最も治療的なやり方は，「あなたが私の着ている物などにかなり関心を持っておられることに気づいています。そのことについてもう少し話してみませんか」と言うことだと覚えておくべきです。

楽しませる患者

　初めのうちこの患者は愉快で，あなたの日常を輝かせ，会うのが楽しみだと体験されます。すなわち，そのことについて考えるまで，あるいは実際にスーパーヴァイザーと話し合うまではそうなのです。この人物はウィットに富み，実際におかしな冗談を言い，あきらかにあなたからの反応や笑いを求めています。彼もしくは彼女は自分にその才能があり，自分達が好ましいと思われるようにするのはもちろんのこと，それが不安で重苦しい状況の中で居心地を良くするために役立つことを身につけてきたのかもしれません。私はかつてお笑いコンビかと思うようなカップルを治療しました。彼らはセッションの初めには，人とのやりとりで彼らがしばしばそのようにしてきたに違いないように，きまって一緒に悪ふざけをして私を楽しませ，とても効果的な結果を得たのでした。

　しかしふたりのうち片方に問題が生じ，彼らは婚姻が継続できるかどうかを知りたくて治療にやってきました。これはあきらかに笑い事ではありませんでした。彼らはおそらく非常につらい結婚生活の問題について話し合うことへの抵抗として自分達の喜劇的役割を使っていたのだろうという観察について，気が進まないながらも，と認めねばなりませんが，私が，告げた時，彼らはそのことを理解し始め，そして大部分は自分達の問題に関しての作業に時間を使うことができました。このことについてもう少し言うならば，双方が人生における困難のためにユーモアを利用していたこと，そして事実，相手のユーモアのセンスは互いにとっての魅力の大きな部分だったことが分かったのでした。多

分，その時彼らはセラピーの初めに互いについて最も愛していたものを私に実地に見せていたのでした。そしてこれについてさらに話してみることで，もう一度互いについて好ましく感じてみようという試みを助長したのでした。

誘惑的な患者

　この患者は通常，異性同士の患者 - セラピストの組合せにおいてもっとも巧みに策を弄しますが，同性同士の組合せもまたこの防衛にとっての肥沃な土壌となり得ます。この状況において，患者はセラピストから性的に興奮しているという反応を得ようと，ことさらに挑発的になっています。テレビのシリーズ番組は（例えば「イン・トリートメント」In Treatment[訳注1]や「ザ・ソプラノズ 哀愁のマフィア」The Sopranos[訳注2]）はしばしばこうした行動を並べ立てています。患者は肌を露わにした服を着て，体の性的な部分を最高に露出する姿態で座り，あなたが見ているかどうかを注視するかもしれません。性的な内容をもつ夢を持ち込んだり，性的行為をきわどくエロティックな細部にわたって描写するかもしれません。

　想像し難い例をお話しましょう。私がスーパーヴィジョンをしていた女性のセラピストは，これまでにずっと性的に弄ばれ，持続的にその虐待を非常にエロティックな様子で描写する女性患者を最近治療していました。最初の数回のセッションの後，素材が深いものへと移って行き，私たちはそれがセラピーのある特定の時点で生じていることに気付き始めました。すなわちそれは患者が自分自身を不快に感じ，セラピストからのより深い関わりを切望した時だったのです。「性的に」なることは，彼女が過去において他者からの反応を惹き起こしてきたやり方であり，これを彼女はセラピーの中で繰り返していたのでした。また彼女は外傷と自分の性的な興奮についての罪悪感を，何度も繰り返すこと（反復強迫）と，彼女の中に惹き起こされてきた反応を他の誰かの中に惹

訳注1）イン・トリートメント：男性サイコセラピストが5組の患者を対象としたサイコセラピーセッションを描くドラマシリーズ。イスラエルで製作されたものをアメリカでリメイクしたもの。
訳注2）ザ・ソプラノズ　哀愁のマフィア：イタリア系マフィアのボスとその周囲の人々の人間模様を描いたテレビドラマ。主人公がパニック症候群で精神科医に通い出すところから始まる。

き起こす人になること（攻撃者への同一化）によって克服しようともしていたのでした。

この事例では，セラピストにとって彼女が性的に興奮し始めていることに気付くことはとりわけ難しいことでした。この患者がなぜ性的興奮を利用するのかをひとたび理解すれば，こうした感情が生じることはセラピストによって，はるかに容易に，いわばその最中に観察されるものになり，それからゆっくり患者にむけて解釈されたのです。こうしてセラピストは，患者の生育史の中でさらに多くの困難を惹き起こしてしまうことに一役買っていた反応のパターンへと陥ることを踏み留まり，患者が自分の行動の目的を理解することを助けることができたのでした。

立ち去ろうとしない患者

前にも述べたように，セッションを終えるのは時として難しいことがあります。患者によっては，セラピストはセッションを終えることが特に難しくなります。セラピストが時間の終わりを告げると哀しそうな様子を見せたり，セッションの最後の5分になると新しい，あるいは情緒的な問題を切り出し始めたり，あるいは端的にセッションの終わりになっても椅子から立ち上がらない患者などです。こうした患者は各セッションの終わりを喪失か，さらに悪いことには拒絶と受けとめているのかもしれません。

セラピストとして，特に患者がつい今しがた大泣きしてしまったために，超過時間に入ることによって患者に「もっと」与えたいと思っている時，あなたはセッションを終わらせることについて罪悪感をもつかもしれません（私は患者の見えるところに時計を置き，セッションが終わることに患者が「びっくり」したり，終わりに対して抵抗したりすることを避ける工夫をしています）。

この終了間際の時間に患者が表している情緒が本当 genuine のもので，普段はないことならば，もちろん数分は時間超過すべきかもしれません。しかし，患者がセッションの終わり近くや，あなたがドアに向かっていく途中に情緒的な話題を始めることを習慣にしたり，あなたが立ち上がっているにもかかわらず立ち上がるのを渋るならば，この行動は分析に値します。こうした場合には，

あなたが毅然とした態度で，しかし優しくあなたがセッションを取り仕切って終わらせることが重要です。「今日はおしまいです。あなたが話していることは重要なことですから来週そのことにもう少し時間を取りましょう」。そして次のセッションの始めに，あなたは「ちょうどセッションが終わろうとする時に重要な話題について話し始めるようだということに気付いていらっしゃいますか？ そのことについて話してみましょう」と言ってもよいでしょう。あるいは「時々，ここを立ち去ることに気が進まない感じがすることに気付いていらっしゃいますか？ セッションの時間が終わりに近付くとどんな気持ちがするのか話してください」。

「あなたは気付いていますか」という言い方で始めることは，観察者にもなる患者にパートナーシップの要素を導入し，それによって批判されていると感じる傾向を弱めます。あなた方双方がなにを発見するかによっては，この探索は数セッションにわたるテーマになるかもしれません。時として患者はほとんどの文脈で別れを告げることに問題があることと，そして第1章で述べたように，人生において大事な人とすごす時間が十分にあると感じたことがなかったことを実感するでしょう。これは患者がなぜセッションが終わる時になるとあなたに「もっと」求めていたかを説明するような重要な転移のデータをあなたに密かに知らせるものなのです。

あまりにも急いで立ち去ろうとする患者

この患者もまた，セッションの終わりを拒絶として予期しますが，「あなたが私を拒絶する機会を持つ前にここを立ち去ろう」という姿勢をもっています。若い患者と思春期の患者は年長の患者よりもこのように感じる傾向が強いかもしれず，ひとたび外へ出れば自分には「すべきこと」がたくさんあるということによって彼らの不安は覆い隠されています。こうした患者はしばしばセッションの最後の5分は立ち去る用意をして椅子の端に腰掛けています。スーパーヴィジョンで耳にしたある患者は，自分の全人生を否定されたと感じてきました。この女性は幼い頃の長い年月を母親と姉妹から拒絶されるのを避けようとして過ごしたので，彼女の行動は「反射的な」反応のように見えました。セ

ッションが終わる約7分前に，まだ話し続けている最中なのに，彼女はジャケットを着てサングラスをかけるのでした！　高学歴で有能な人でしたが，彼女は指摘されるまで自分の行動の中に存在している普通ではないことに気付かなかったのです。

　この分類に入る別の患者は，セッションが終わったことを宣言する側の人になることによって，セッションを仕切ろうとしているのかもしれません。私の別のスーパーヴァイジーは，いつもセッションが終わる直前に腕時計を見てあくびをし，自分にはとても忙しいスケジュールがあり，面接室に留まってなどいられないことをほのめかしながら，「さて，もう行かなくてはなりません」と言う人を治療していました。彼女がついさっき持ち出した素材にセラピストが取り組んでいるのを置き去りにしたまま，彼女はドアに向かって行くのでした。このセラピストの逆転移反応（傷つけられたという感情）は最初の事例（驚きの感情）とは異なっていますが，患者にとって根底にある動機，すなわち立ち去るべき時間を宣言されるという拒絶を避けることは，自分達がコントロールできないと感じている状況をコントロールする必要性と共に，やはり大きな部分を占めているのです。

「怖い」患者

　この患者は攻撃と攻撃のファンタジーについて語り，セッション中に声を荒げ，セラピストに関して直接的に，あるいは誰かに感じた怒りを語っていると見せかけて間接的に攻撃性を行動で表すかもしれません。彼らは椅子を叩いて主張したり，セラピストを睨み付けたりするでしょう。患者が男性でセラピストが女性の時が最も難しい状況です。このタイプの患者はしばしば，セラピストを守りたいと感じるスーパーヴァイザーや同僚の中にも逆転移反応を喚起します。

　このタイプの患者へのあなたの反応を探求することは特に重要なことです。こうした患者は，セラピストを怖じ気づかせて，攻撃的な報復を恐れて解釈を与えないようにさせることがありそれによってセラピストがその作業をできないようにするからです。しかしおそらくこの種の患者はまさに自分がそのよう

に感じることを理由に援助を求めに来たのでしょう。攻撃が防衛に用いられている可能性と，患者が本当のところは強い恐怖を感じているかもしれないことをここで忘れないようにすることは難しいかもしれません。

　しかし以下の様な介入を試みることはできます。「あなたは私に対して声を荒げていることに気付いていますか？　今あなたが何を感じているのか話していただけるでしょうか？」あるいは「あなたがどれほど人を傷つけたいかをここで話すのに，どうしてこんなに多くの時間を割くのでしょう？　ひとりでいる時にもいつも考えていることなのでしょうか？」最初の介入は，患者が自分の感情と，それをどのように表現するかをもっと意識するのを助けるためになされます。2番目の介入は攻撃が転移反応なのか，あるいは患者にとって継続的な重大関心事なのかを探るのです。この問いに対する彼らの答えは彼らが自分自身の攻撃衝動を恐れているかどうかを聞くのに役立つでしょう。

　もしも患者と共にいることが心地良くないと感じることが続けば，すなわちあなたの介入が役に立たず，攻撃が続くならば，その時はこの患者が精神力動的セラピー，あるいはあなたとのセラピーから恩恵を被ることができないということかもしれません。別のセラピストへの紹介，そしてできれば別のタイプの治療が考慮されるべきでしょう。

おおげさに感謝する患者／恩知らずな患者

　おおげさに感謝する患者は，特に人を「助ける」ことを望んでいる未経験のセラピストにとって，最初は特にやりがいがあるように見えます。この患者は「先週のセッションがなければ，家族の集まりを乗り切れなかったはずです」とか「ここに伺えて本当に嬉しいです。指折り数えていました」とか「あなたが仰ったすべてのことについて考えていましたし，あなたはまったく正しくて，私自身ではそんな風な考えは思いつかなかったでしょう」というような発言をします。

　残念ながら，こうしたことを聞くのがとても好きだとしても，この種の行動は反動形成という防衛の表れかもしれないということに気付いていなければなりません。反動形成とは，本当の感情がその状況にはあまりに脅威なので，そ

こでは実際に感じられていることと正反対のことが表現されることです。私たちが患者にとってできるだけ完璧な親でありたいと望み，またその必要があるにせよ，もし私たちが本当に彼らを理解する最初の人物であったならば，患者はすでに死んでいたはず（！）ということを心に留めておかねばなりません。こうした患者は実際のところ，あなたは彼らを十分には援助していないと感じているでしょう。あるいはセラピストに向けられるこの種の態度はとても粘着的な依存の兆しであるかもしれず，患者はあなたがその依存から逃げないことを願っているのです。そしてある患者にとって，これは彼らが他者を自分の傍に置いておけることが立証済みの方法，すなわち彼らを大切で必要不可欠だと思わせる方法です。

　もちろん，まず行動に潜在する動機を発見して，それを関係性の特徴であると認識することが肝要であり，それから患者と共にその先例と機能を探索します。

　恩知らずな患者は，ある程度進歩できたのは治療のおかげだということが完璧に明らかでも，あなたやセラピーのおかげにはしないでしょう。こうした患者は「最近前より気分が良いのは何故なのかわかりませんが，おそらく私は春が好きだからでしょうね」とか「人生に某さんがいてくれてよかったですよ。彼らがいなかったらどうしていたかわからないです。彼らにすべてを話すことができたし，彼らは私にこんなに良いアドバイスをくれたのです」と言うかもしれません。すなわちあなたの熱心な働きすべてについてどころか，あたかもあなたの存在さえも，完全に顧みられないものになっているかのようです。あなたが（かなり情けなく思いつつも）直接「お母さんとうまくやって行けるようになったのは何のおかげだと思いますか？」と問いかけた時ですら，こうした患者は「さあ。彼女は変わりつつあるんじゃないか，と思いますよ」と言うかもしれません。

　治療が効果を持っているという証拠を，少なくとも時々は必要とするような大多数のセラピストにとって，これには非常にフラストレーションを感じることでしょう。しかしながら，こうした患者にとってセラピーがうまく行っていること，あるいはそれがより不安を喚起するものであることを認めることや，あなたと役立つ関係性を持っているのを認めることはあまりに恐ろしいことな

のかもしれません。それを認めることはあたかも彼らがなにかを放棄してしまい，そうなるとあなたからの拒絶に対して極端にもろくなり，あるいはあなたに傷つけられたと感じるようなことなのです。以前に取り上げた，いつでもセッションが終了する前にサングラスをかける患者は，数カ月の治療の後でセラピストに，ここには「関係性がない」と告げたのでした。その後彼女は治療を歯医者に行くことにたとえることができましたが，そこで彼女は同様の関係性を持っていました。

　この種の「恩知らずな」行動もまた，依存的になることに対する防衛であるかもしれません。ちょうどおおげさに感謝する患者が依存することを必要とするように，恩知らずな患者もまたそれを必要としているのですが，自分の内にあるこの要求を蔑んでいるのです。あるいは，自分のことを本当に悪い人間のように感じている患者は，あなたの明らかな「善良さ」とのコントラストにうまく対処できないのかもしれません。それゆえに彼らはあなたが自分自身を良いと感じる理由をこれ以上与えたくないのです。

　通常最善の策は，この行動には直接的に介入せず，セラピーの進行に従って患者が新しい関係性を形成する能力を測り，そのことを彼らにフィードバックすることです。こうした患者が自分自身をより好きになり，あなたとの治療関係を心地良く感じ始め，拒絶されることを恐れなくなるにつれて，彼らは徐々にあなたとのこの作業が本当に重要であることを表明することができるようになるでしょう。忍耐こそが決め手です。

世話をする患者

　この患者は自分達自身のことよりもあなたの健康状態や疲労について，とても気遣っているように見えます。時としてこのタイプの患者はセッションの度にあなたにコーヒーを持って来るでしょうし，あるいはあなたが疲れているとか悩んでいるように見えることに，そして皆の問題を聴くという難しい仕事をしていることに共感的なコメントをするかもしれません。

　時にはあなたの世話をしたい患者にそのようにさせたい気になったとしても，（特にその人があなたの人生でそのようにしてくれる唯一の人だったとす

れば！）睡眠に問題があるとか，大きな発表について心配しているとかを彼らに話してはいけません。その代わりに，コーヒーや気遣いに対して礼を述べた後で，彼らがあなたの世話をする必要性を感じているように見えることを伝え，それを探索します。あなたのセラピストとしての仕事は，以前にも述べたように，患者のニードと彼らの行動の動機にだけ焦点をあてることです。

このタイプの患者はしばしば彼ら自身が世話をしてもらうことを非常に必要としており，それが彼らのためには決して役立たなかったとしても「己の欲せざるところを人に施すなかれ」，という格言[訳注3]に繰り返し従っています。この種の世話を直接的に求めることができないことについての理由を探索することができるので，これは彼らとともに探索できます。通常，患者が世話をしてもらう必要性は両親によって，もしくは初期の関係性の中でかなえられてきていないか，あるいは彼らがこうした必要性を持つことを恥に感じてきたのです。セラピーの中ではある程度世話をされることを自分自身にゆるさねばならないので，セラピーはこの種の問題を作業するには理想的な場です。

あなたとそっくりに思える患者

これは患者側の防衛ではなく（少なくとも最初は意識的なものではないでしょう），逆転移反応に属するものですが，ここに入れておくと役立ちそうに思われます。

新しい患者との最初の数セッションの中で起きてくるかもしれないことですが，セラピストは患者がまさに自分にそっくりだという感じを持つことがあります。これは患者の年齢，家族背景，ユーモアのセンス，あるいは時として彼らの実際の主訴に関してかもしれません。セラピストはそこで「この患者は母親との間で私が持っているのと同じ問題を持っている。私が自分の問題を解決できなければ，どうやって彼らを助けることができるだろうか？」あるいは「おそらく彼らへの支援をしながら自分の問題をワーキングスルーできるだろう」と考えるかもしれません。

訳注3）出典は論語で孔子が弟子の質問に答えたもの。

彼らをよく知っていくと，実際のところはそこまで私たちにそっくりであるとか，あるいはその事柄について他の患者にそっくりな患者は滅多にいないものです。同じという感覚は，あるセラピストにとってはセラピーを実施して行く中での自分自身の不安に対する防衛であるとか，患者への共感を始めるための方法かもしれませんが，患者をよりよく知って理解するにつれて速やかに落ち着くとよいでしょう。というのもこの見方は決して患者の役に立つことはないからです。言い換えれば，患者があなたにとってひとりの人間となっていくにつれて，たとえいくらかの類似性が依然として見られるとしても，あなたはその違いにはっきりと気付くでしょう。

　もしあなたが現在葛藤を抱いている問題と似た問題を患者が持っているとしても，これは必ずしもあなたが彼らの助けにならないということを意味してはいません。ここにある大きな落とし穴は，この問題を抱えていることについてあなたが感じているのと全く同じように患者が感じているだろうと思うことにあります。もしあなたがその問題の自分のバージョンを横に置いておき，患者に本当に耳を傾けることができれば，通常あなたは彼らにとって大いに助けになることができるのです。

　かつて私は飛行恐怖を持つインターンをスーパーヴァイズしたことがありますが，彼は同じ当面の課題を持つ患者をうまく治療することができました。悪用されてしまうかもしれないので書くことがためらわれるのですが，同じ問題をもつ患者を助けることによって自分自身の問題のより深い理解を得ることも可能です。とは言え上記のインターンの飛行恐怖は続いていました。

「完璧な」患者

　この患者は上に述べた，あなたにとてもよく似ているように見える患者と彼らに対する最初の逆転移は似ていますが，混同してはいけません。

　この患者は困ったことを全くひきおこさず，いかなる種類の悪感情も決して招くことがないように注意深いやり方でふるまっています。彼らは常に時間通りに到着し，すっきりと立ち去ります。彼らはセラピストに予約時間を変更することや，予約をキャンセルするといった追加的な要求は決してせず，そして，

あたかもまさにこの本を事前に読んでいるかのように，上に列挙したような非常におそろしい分類のどれにもあてはまることは決してありません。この患者はあなたのコメント・解釈を聴き，セッション中でもセッションとセッションの間の時間にも，そのコメントや解釈について適切に考えているように見えます。彼もしくは彼女は，情緒的な問題について話す時には，それにふさわしい情動を見せ，休暇やその他の休みについてセラピストを手こずらせることもまったくないのです。おまけに彼らは事例検討や学術論文で症例として出されることにも喜んで同意するでしょう。たいていあなたが彼らに求めるであろうことには何でも協力します。

このタイプの患者は，特に治療初期には，一緒にいてとても心地が良い患者という以外には，「完璧な」患者と同定することはとりわけ難しいものです。それゆえに彼らの行動を防衛スタイルとして見分けるには，しばし時間がかかるかもしれません。ただあなたが彼らについて考えている時だけ，またおそらくスーパーヴァイザーに彼らのことを話している時だけ，彼らが完璧すぎるということがあなたの心に浮かぶかもしれません。この患者はとても「やさしくeasy」に見えるので，私たちは彼らが気付かなかったりその価値を検討しようとしなかったり，うまく役立っていないような古い行動を刺激しようという気にはならないのです。このタイプの患者の多くが，片親あるいは両親ともが彼らに対して非常に批判的であるため，彼らは水も漏らさぬように，批判を受けるようなことは決してしないようにしておくことで自分自身を守ることを学んで来ています。これは通常，彼らが「偽りの自己」，すなわちあなたが目の当たりにしている完璧な自己を発達させてきたことを意味しています。彼らは苦しい体験から，自分の「本当の自己」というものは受け容れられず，それが苦痛と屈辱のみをもたらすことを知っています。それゆえこの患者は意識的・無意識的にかかわらず，他の人がするようにあなたも彼らの本当の自己を軽蔑し馬鹿にすると思っているのです。時としてこのタイプの患者は，それを著しくひどいものだと思って，それを覆い隠すために苦心する「秘密」を持っていることがあります。

このタイプの防衛を表している患者に介入するには，細かい配慮を必要とします。作業同盟がよりはっきりと成立し，患者があなたを信頼し始めるように

なるまで待つのが，通常は最もよいことです。そうすれば患者は自然と自分が望んでいるようには完璧でいられなくなる時があり，セラピストは患者のどのような部分でも受け容れることを示すコメントをする機会を得るでしょう。例えば「あなたが以前は悪口を言わなかったことに気付きました。畜生 fuck,と言うようなあなたの部分を私に見せるべきではないと感じていたのでしょうか？」というように。この小さな「失策」がセラピー全体の風向きを変えることがあります。しばしばこの患者は意識的にもしくは無意識的に，彼らの本当の自己を見せて何が起こるかを見ることができるように，完璧なプレゼンテーションの中に失策が生じるように準備するのです。

　数年の間，私はケヴィンという名の 45 歳の男性管理職を治療しており，彼の仕事は思わしくない状況になっていました。ケヴィンの父は有名な官吏でしたが，若くして亡くなり，その後母親は彼を「一家の長」であると言明していました。ケヴィンは仕事から直接来るのではない時でさえも，セッションにはいつもスーツにネクタイ姿で現れ，自分の訴えを言葉で表すのにとても慎重でした。共に作業を始めて 6 カ月経ったある日，ケヴィンはカジュアルな服装に，古びて破れたあきらかにとても愛用している帽子を被って現れました。彼は服装についてむやみに謝り，セッションの後すぐに野球に行くのだと言いました。この時，彼はこれまでになくリラックスした様子で振る舞いました。彼は仕事の障害になっているような彼自身のネガティヴな側面について詳しく語り，幾分感情的にすらなったのです。私は彼がこれほどいつもと異なっていることに驚くとともに嬉しくもありました。次のセッションにケヴィンはいつもの服装で現れ，残念ながら以前の防衛的な語り方に戻っていました。私は彼の変化について発言する機会を捉え，帽子を被って来たセッションの時はもっと近づきやすい彼を発見したことを暗に伝えました。彼は心底嬉しく思ったように見え，それから，仕事であんな風になることを恐れていると述べました。しかし彼は以前思っていたよりも，他の人が自分のこの面に肯定的に反応するかもしれないと考えるようになっているとも述べたのです。その後，私たちはそのセッションを「帽子を被ったセッション」と呼ぶようになり，これは彼にとって他者からは受け容れられないと考えていた自己の良い部分を思い出させるためのものとして役立ったのでした。

こうした防衛を表さない患者がいるでしょうか，とあなたは自問するかもしれません。私たちにとって幸運なことに，患者は常に私たちと私たち自身の人間性，そして防衛に本当に数多くのやり方で挑戦し続けます。これがセラピストにとってサイコセラピーを魅力的で洞察に満ちた体験にするものなのです。完全に防衛のない患者，あるいはあまりに簡単に自分自身にしがみつく患者は，精神分析的もしくは精神力動的サイコセラピーからの恩恵を被るための自我の強さと境界をもたないかもしれません。これまでの記述は私たちが出会うかもしれない患者のいくつかの行動を強調するためにとりあげたものです。それらは自然なものと言えますし，また患者が示しうる最悪な振る舞いとは異なったものです。

第7章
終わり

> 私が失ったもの……それは本当にはかり知れない，私の人生において他の誰よりも私のことをわかってくれた人との関係であり，その人は私を理解するために申し分なく関わってくれた。
>
> （訓練分析家クレイグからの引用，2002, p. 507）

「終わりある分析と終わりなき分析」の中でフロイト（1937）は，分析を実際に完遂することの可能性について疑いを表明しており，精神分析家に5年毎に分析に戻ることを提案しています。彼は治癒 cure について非常に懐疑的でした。今日でも私たちは疑問を呈するのです。精神力動的，精神分析的なタイプの治療は本当に完遂できるのでしょうか？

これを判定するのはなぜそれほど難しいのでしょうか？　それはおそらくしばしば治療の漠然とした，あるいは構造化されない目標が，すでに終わりが来ているという事実に気付くことを難しくしているからでしょう。おそらくその過程を，「治った」とか「落ち着いた」状態になることと想像して理想化しているため（それは精神分析にはしばしば起こることですが），患者はその状態が生じるまで立ち去ろうとしないのです。これに伴う問題は，目標となるゴールポストが治療の進展につれて移動し続けるように見えることです。そしてしばしば患者はこの機会を二度と手に入れることができないことを恐れて，セラピーという逃げ場を離れようとしなくなります。時には，自分の眼の前で成長してきた患者を手放したがらないのはまさにほかならぬそのセラピストです。さあ，治療は終えることができるのか，そしてそれはいつなのかという可能性を探ってみましょう。

多くの精神分析家が治療終結の基準とみなされるものについて書いています（Klein, 1950; Novick, 1982, 1997; Rangell, 1982）。その基準とは，患者がもはや症状に苦しまず，制止と不安を克服したというものです。Berger は，それだけで終結への準備が整っていることを示すに足るただひとつの基準というものはない，と述べました。症状の改善に加えて，彼は①患者が，働くことと愛することのための向上した能力をもつ，というフロイトの考えと，そしてまた②患者が症状と葛藤の背後にあるものへのより包括的な理解をもつことと，不安と抑うつ，そして快感へのより強い耐性，自律性の向上した感覚，そして新たに見出された洞察を用いて，日常的な機能を適応的に変化させる能力を含めて考えています（pp. 259-260）。症状の改善以外には誰も「治癒」については語っていないことに注目しましょう。

時期尚早な終結

Frayn（1995）は訓練中の分析家が分析を実施した患者で時期尚早の終結となった割合を調査しました。彼は訓練中のセラピストの経験が乏しければ乏しいほど，時期尚早にセラピーをドロップアウトする患者が多いようだということを発見しました。訓練生はしばしば，これから患者になる人の精神病理の程度を軽く見積もっていました。この調査は数年前に実施されたものですが，いまだに意味を持っているのは，初心のセラピストは治療を始めたいと切望しているために，潜在的な問題となる特徴について，経験者たちより楽観的で，はっきりと認識していないかもしれない，ということです。

患者の時期尚早の終了はしばしば，彼らがセッションをキャンセルすることがその兆候となります。そのキャンセルはかなり前もってのこともあり，またセッションの直前の時もあり，それは患者がやめる計画にどのように葛藤を抱いているか，そしてどれほど意識的かによります。彼らが電話でやめることを告げて去っていく時，あるいは単に予約にやって来ない時，特にそれが全く予測されない場合は，初心のセラピストの自尊感情には極めて悲惨なダメージを与えます。初心のセラピスト達は（そして経験を積んだセラピストも），誰か他の人ならば，きっと患者を治療に留めておくことができたはずだと考えて，

このことを自分が有能でない証拠だととらえるようです。

　訓練中のセラピストにとって重要なのは，患者はたった一度の共感の失敗によって離れてしまうことは滅多にない，ということを覚えておくことです。作業同盟が確立していれば，普通はあなたが治療の中でいくつかの間違いをしたとしても，それが善意の間違いならば，治療関係には余裕も柔軟性も残されています。ある特定の出来事について患者の感情を理解しそこねること，あるいは彼らの視点からの個人的な語りを聞くことに失敗することは，患者の一時的なひきこもり，逃避，あるいは怒りの原因になることはあるかもしれませんが，終わりになることは滅多にないのです。

　しかし，セラピーを立ち去る以外の方法で怒りを表現することができない患者がいます。休暇などの休みのためにあなたがいなくなったことが患者にとってつらく耐えがたかったために，この仕返しとしてドロップアウトが生じるかもしれません（例えば，「あなたが私を置いていく前に私があなたを置いて行く」）。時として早期の離脱は転移反応として生じます。これは後の終結期間の転移の問題についての部分で論議します。また時として患者は前章の「あまりにも急いで立ち去ろうとする患者」で概観したような理由によって早々と終わろうとし始めるかもしれませんし，あるいは「健康への逃避」の宣言をして終わるかもしれません。後者が生じるのは患者が急に良くなったように見え，症状と人間関係の問題も消えて，自分には終結準備ができている，と言う時です。「軽快」が唐突なので，患者がセラピーにこれまでより深く入っていくことを避けようとしていることは通常明らかです。治療をやめたいと患者に思わせているのは何なのかを，できるだけ詳しく確かめる努力をするのがセラピストの仕事です。問いかけをし，あなたの直観を患者と共有し，解決できそうにない否定的な感情を表明してもらうことは，通常価値ある情報をもたらします。あなたが注意深く質問をして，彼らがなぜ突然気分がとても良くなったのかについてのあなたの考えを（例えば解釈を提供するなどして）伝えても，この抵抗を除くことができなければ，今は患者を立ち去らせる方がよいかもしれません。しばしばこうした患者は，理解されて受け容れられたと感じたとすれば，後になってさらなる作業をすることができると感じた時に戻って来るでしょう。

　時期尚早な終了のもうひとつの理由は，時として人生というものは，私たち

が別の計画を立て始めると邪魔をしてくることがあるということです。例えば，患者が深刻な病気を診断された場合，患者が他の都市へ異動になる場合，あるいは重大な経済的困難に遭遇した場合です。セラピストの役割は，こうした状況下では時間と機会がゆるす限り，できるだけ支持的で助けとなるようにすることです。

　訓練中のセラピストには，研修や実習が終わるというような外的理由による時期尚早な終結という，この時期固有の難しさがあるかもしれません。この種の終結は，患者が拒絶されたと感じることを避けるために，丁寧に扱われなければなりません。もしあなたが初めから患者にこのことを予告していたとしても（例えば「私は5月までしかここにいられません」など）患者がこれをおぼえていることを期待してはいけません。事前に通達されることは必ずしも事前に武装することを意味するわけではないのです。患者はおそらく終わることについてたくさんの感情を抱くでしょう。もちろん彼らが治療のどの段階にいるかによりますが。そして来るべき終結を課題として取り上げながら，彼らに少なくとも1カ月前には改めて知らせることはあなたの義務です。もしあなたが終結を自然に迎えられるまで患者の治療を続けられるような幸福な立場にいるならば，あるいは次の勤務先や実習先に患者を連れて行くことができるならば，あなたは相互が同意した終結に向かう機会を得ることになるでしょう（あなたが患者を他の治療状況に連れて行く時には，特別扱いの問題が生じるかもしれません。例えば「なぜ私について行くように仰るのですか？　私だけがあなたと一緒に行く患者なのでしょうか？」。それは話し合うべきことで，無視してはならないのです）。

時期尚早な終結における転移と逆転移の問題

　早い終結の転移的理由について言えば，（精神分析家は，そこにはいつでも転移的な理由があると言うに違いありませんが），もし患者があなたに怒りを向けたなら，彼らは欲求不満を感じた時に，過去において両親もしくは他の重要な人物と関わったやり方をあなたに対して行動化しているのかもしれず，あるいは今自由にできるのと同じように，人生のもっと早い時にできればそうし

たかったことを行動化しているのかもしれません。セラピストが彼らに接近すると，患者の中には衝動的に治療をやめようとする人があるかもしれません。それは例えばセラピストに対する強い性的感情あるいは依存感情を抱き，それが彼ら自身を脅かし，しかも自分達にも受け容れられない場合でしょう。これは，セラピストが，かつて一度もおびやかされることのなかった患者の心理的防衛をようやく越え，患者がやっと深く理解されたことの結果として生じる可能性があります。患者はセラピストに「たくさん話し過ぎ」たことや，「あまりに脆いところを見せてしまった」ことを後悔し，自分とセラピストを護るためにセラピーを立ち去るべきだと感じるかもしれないのです。

　患者が深刻な陰性転移を体験していることがあるかもしれません。患者が転移の「かのような」という特質にしがみつくような問題を抱えていて，彼らにとってあなたが無情な，あるいはそれどころか虐待的な両親やきょうだいに酷似したものを思い起こさせるならば，彼らは離れて行こうとする強い衝動を抱くかもしれません。あらゆる転移反応は少なくともひとつは現実の核を持っていることを私たちは知っているので，特定の治療者-患者の組合せがうまく行かないということはあるかもしれません。一方で，両者によってひとたび認識され承認されれば，これはしばしばワーキングスルーすることができます（例えば「私のどこがあなたのお父さんにそれほど似ているのでしょうか？そうですね。時として私はそんな感じですが，私の動機は全く違います。などなど」）。転移性投影と戦うのではなく，それを受け容れることによって，セラピストは，自分が実際のところどのように患者の過去の「悪い」人物に似ているのかを患者の視点から見ることができます。このことによりふたりは同じ位置に立ち，患者にとって非常に厄介だった過去の状況はさらに探索しやすくなるのです。

　Novick（1982）が指摘するように，時期尚早な終結には逆転移的理由も存在するかもしれません。すなわち意識的もしくは無意識的にセラピストによって終結が切り出されるものです。改善がまったくみられない患者を扱い，頑固に敵対的な患者と向き合っていると，セラピストは終結を考え，実際にその日を指折り数え始めるかもしれません。しばしばこの仕事に関しては自虐的な何かがあるように痛切に感じられますし，加虐的な患者はそれを感知することができます。私は抑えのきかない加虐的な性質がしばしばこちらに向かってくる

患者に数年間会っていたことがあります。彼女はいつも「ここではしたいことをして，言いたいことを言っても許されると思っているわ」と言うのでした。これはセラピストの側に無意識の加虐性を喚起し，セラピストはセラピーを時期尚早に終結することによって行動化するかもしれません。

またある患者が使う，前の章に記述したような防衛はセラピストの神経に障り，セラピストを治療終結に駆り立てるほど大いにセラピーを妨げるかもしれません。セラピストが自分の人生の問題に苦闘し，特定の患者の話を聴くことが不可能になるほどひどくそのことに没頭してしまう時があります。例えばもし，あなたが離婚問題で苦しんでいる時に，患者が始まったばかりの燃えるような新しい恋愛話を事細かにひとり満足げに語っているならば，これをあなたは放り出してしまいたくなるかもしれません。もし患者があなたに虐待的な両親やきょうだいを非常に強く思い出させるために，共感的に聴くことができそうになければ，それはあなたに時期尚早な終結を望ませるかもしれません。また，もしあなたが自分自身あるいは愛する人の重篤な病気にどうにかして向き合おうとしている時に，患者が仕事でのスピーチを上手にできないことについて話し続けたとすれば，あなたは「ご自分で何とかしなさい。私に何が起きているかを分かってほしいわ」と思うかもしれないのです。

Gabbard（2010）は「ある特定の患者は治療者の中に侮辱，退屈，そして怒りを惹き起こすかもしれない。その患者が終結について話す時には心底安堵する感覚になるかもしれず，患者を追い払おうとして患者の終結願望を探索することを避けるセラピストもいるかもしれない。」（p. 181）と述べています。

こうしたすべての状況において，特にこの患者とは終わりにしたいというあなたの心理的要求が無意識的に高まっているならば，あなたは自分自身について，できればあなた自身のパーソナルセラピーもしくは分析においてその徴候を注意して見守るべきです。この衝動を行動化しないためには，セラピスト，スーパーヴァイザー，あるいは信頼する同僚への相談が疑いなく必要となるでしょう。

「定型的な」終結

　まずなによりも，「定型的な」終結というものはないと言わなければなりません。しかし，ふたりの人間が精神力動的セラピーを終えようとする時に，多かれ少なかれ一般的に生じる臨床的な課題を見てみましょう。セラピーの終結は，成長促進的なやり方で別れを告げる方法を見いだすのを助ける，おそらく患者にとって初めての機会です（Novick, 1988）。

　セラピーを終えるという決定はいつでもすっきりとはいかないものです。しかし，セラピストとして，あなたは上述のゴールについてのなにがしか，あなたと患者が重要だと理解したものを患者の人生においてこの時点で最大限になし得たという感覚をもっているべきです。患者はすべてにおいて以前よりよく機能しているでしょうか，そして彼らは自分自身について心理学的に考えることを可能な限り学んだのでしょうか，言い換えれば，十分にその過程を内在化したのでしょうか。後者の指標は，現代の文献において最も重要なことのひとつとしてみなされています。それはあなたがいなくても患者がサイコセラピーの過程を継続することであり，それはもし自分の恐怖と不安やうまくやることへの抵抗がまだあるとすれば，それを理解することです。通常，セッションの中で患者が考えたことを聞く時，あるいは以前なら厄介で不安を喚起する状況において患者が今までとは異なる形でどのように分析したり行動したりしたかを語る時，彼らがこの技術を体得したかどうかをあなたは判断することができます。

　Gabbard（2010）は，終結という概念をめぐって，神話とすらいえる考え方が広まりつつあり，初心のセラピストに自分達は基準に達していないと感じさせると書いています。

　　　この神話的なバージョンでは，セラピストと患者は最初に設定した目的に到
　　達し，セラピストに向けられている転移感情は解消し，精神内界の変化は人生
　　の変化へと書き換えられ，一定の数週間もしくは数カ月がプロセスの「終結期」
　　として相互に同意されるという結末に至るのである。　（Gabbard, 2010, p. 179）

しかしながら，彼はこの完璧な絵に描いたような状況は滅多に生じるものではないと主張しています。

最良の環境にあれば，多くの精神力動的セラピストは一般的に終結期を，直接的にせよ間接的にせよ患者から切り出されたものとして概念化することが役立つとみなしています。しかし，この終結期が始まったからといって，終結が近いとか，まして視野に入っているということすら意味するわけではありません。それは単にあなたの患者の頭の中にあるというだけなのです。セラピストの中には終結期の長さを決定するために，例えば一年の治療に対して1カ月から2カ月というように公式を使う人もいますが，多くの現代のセラピストはどのくらいの期間になるかの感覚を患者から提示されるのです。

時として患者は例えば夢という形で，**間接的に**終結のトピックを持ち出すかもしれません。Grenell（2002）は彼の患者である若い女性が分析の終わりに向かっていくという一連の夢をどんな風にみたかを報告しており，以下はそのひとつです。

> 私はピアノを弾いています。それは初めて弾いた時のようで，楽譜が何だったかも覚えていません。驚いたことに，私がどの鍵盤を叩いてもすべてがとても素晴らしく聞こえました（中略）それは奇妙なことだったのですが，というのは私が弾いて育ったような古いピアノと，それよりも新しいピアノの二台が夢には出て来ていたのです。古いピアノはひどい音で，対照的に新しいピアノはすばらしい音でした。　　　　　　　　　　（Grenell, 2002, p. 791）

この夢は分析家への贈り物のように聞こえますが，Grenell は彼の患者が終結の準備ができていることを示していると主張しています。

患者がこのトピックをめぐって間接的な方法を使うのは，自分達が終結する準備ができているのかどうか自信がなく，そのことを持ち出すと，あなたの「何ですって？　あなたはまだまだ終わる準備ができてはいませんよ」というコメント，もしくはそれをもう少し穏やかに言い回したものを引き出してしまうかもしれないことを恐れているからです。このことはもちろん自尊感情を傷つけることになります。患者によっては，自分が家を出た体験に基づいて，彼らがいなくなってあなたが寂しくなるのではないか，そしてあなたが「そうですか，

そう言うからには出て行く準備ができているんですね。私はまだ一緒に過ごす時間からあなたが多くのものを得ていると思っていましたが」と言うのではないかと心配します。患者かセラピストのどちらかが両親との別れに重篤な困難を持っていた場合には、終結期はことのほか痛みを伴うものになる可能性があります（p.138の「通常の」終結の中の転移逆転移問題を参照のこと）。

　時に患者は、数セッションをかけて、自分がどれほど快適に感じていて、以前難しかったことがらをどれだけうまく扱えるようになっているかをセラピストに伝えて安心させようとするでしょう。彼らは、今後はセラピーに多くの時間を割けなくなるような新しい仕事に応募することを考えていると言うかもしれません（こうした種類の推論は、もちろん治療に抵抗している患者によって出されることもありますが、この章の目的に添って、患者が実際に良くなっており、離れていく準備ができつつあるとあなたに思えることを想定してみましょう）。

　患者から発されるシグナルは、より**直接的**である場合もあります。例えば彼らはセラピーが普通はどのくらい続くのか、あるいは終結はどのようになされるのかと聞いてくるかもしれません。（勇敢な）患者は明確な態度を示し、もう良くなったので、やめる時期だと思っていると言うかもしれません。

　患者達は往々にして終結の手順を知らず、あなたが彼らに「治癒した」と宣言するのを待っているものです。患者はこれまで率直であったにせよ、あなたが最初にそのシグナルに対して、そうすべき反応、つまり「あなたはセラピーを終わりにするとか頻度を減らすことについて考えているのではないでしょうか」と反応を示すと、彼らは終結について真剣に考えていることをまだ否定するかもしれません。それは先にも述べたように、その人が以前よりも強くなり健康になっていると感じてはいても、セラピーの関係を離れることを考えるのは、時として不安を喚起することになるからでしょう。ある患者は、良くなったことについて、長らく共にした症状がなくなった生活について、そして今やほかの人から寄せられるかもしれない期待について心配します。

　初心のセラピストは、初めて終結の話題が上った時には不安に思うにせよ、それがセラピーのもうひとつの段階であり、完璧な終わりはないことが双方によって現実のものと認識されれば、通常、事態は落ち着くものです。終わるこ

とについての空想や思考は，患者の人生における他の重要なできごとと同様に，あなたが受容と配慮をもって探索することができます。しかし，終結の問題は患者が扱っている他の問題よりも治療者を個人的に巻き込むかもしれないので，そのトピックが潮の満ち引きのように繰り返す時に共感的に聴くことは他のトピックについて聴くよりも難しいかもしれません。

　終了に向かう中で，いまやあなたが知っている患者の生育史やパーソナリティそして防衛スタイルに関するあらゆる事柄について，いわば終了がそれらにどのような意味を持つかのフィルターを通して検分されねばなりません。初心のセラピストも熟練のセラピストも，意識的もしくは無意識的に患者と共謀して終結に関する感情について語り合おうとしないかもしれません。ほとんどの人にとって，治療者達も患者達も同様に，別れを告げることは難しい，ということを心しておくことが役立つでしょう。患者にとって終わることは他の喪失にまつわる痛ましい感情をよびおこします。治療をやめることについて患者の感情を扱わないことは，サイコセラピーのきわめて重要な部分を患者から騙し取ることになります。来るべき終わりに対して患者がどのように反応しているか，終わることについての彼らの思考や空想，そして終結に直結する時期をどうしようと考えているか，についてあれこれ思いをめぐらし続けることは重要です。事実，終結がひとたび持ち込まれれば，終結についての起こりうる事態はあらゆる機会に取り上げられるべきです（例えば「セッションに遅れる，あるいは早く来るのは，終わることについて話し合い始めたからではないかと思うのですが」とか「あのトピックを避けること，あるいは新しいトピックを持ち出すことは，セラピーを終わることについて話し合い始めたからではないかと思うのですが」などのようにです）。

　似通った終結はふたつと無く，もちろんそれゆえに，あなたと患者が終結に向かっていくにつれて何が起こるかについて正確に描き出すことは難しいことです。通常，患者はあなたとのサイコセラピーを終わりにするという新しい問題に織り込まれた現在の課題について話をすることでしょう。さらにちょっとした驚きも生じるかもしれません。すでに解決したように見え，セラピーの中で多くの関心が向けられた初期の症状や訴えや問題領域が一段と強烈にふたたび現れるかもしれません。これは患者が，自分が本当によくなっているという

考えを疑っているのかもしれませんし，終結期に時として生じる「退行」の一部かもしれません，あるいは彼らのアイデンティティに大きな部分を占めていたこうした問題に対する最後の別れというようなものかもしれないのです。時に症状の再現は，患者がとうとう難題の残存物を解決しようと，これまでよりも深いレベルでこうした問題に立ち向かおうとすることから生じることがあります。この時点で彼らは以前には決して話し合われなかった問題についてさらなる情報をもたらすことができるかもしれません。

例えば最近私は，ある35歳の女性をサイコセラピーにより治療しました。彼女はある障害のために両親に病的な依存をしていることが問題になっていたのですが，特に男性とのセックスへの恐れを示していました。彼女は2，3年の間に，両親との相互に満足のいくやり方での分離を達成し，仕事や友人との関係にも以前より居心地よく感じるようになり，治療を終結する決意をしました。私たち双方が，彼女にとって最高の仕上げは彼女にふさわしい男性に出会うことだということを認識しつつ，私たちはセラピーの頻度を減らし始めました。男性との出会いは終結段階でうまくはいきませんでしたが，別れを告げた時には私たちはふたりとも楽観的でした。

数カ月後，彼女は私に連絡を取り，会社の買収について，そしてそれによって彼女がどれほど傷ついたかについて話をしたいと言ってきました。再び毎週面接を始めた時，彼女はそのことについて話し，自発的に「あぁ，それからまだ誰とも出会ってはいません」と言いました。「それについて何かお考えは？」と私。「あることがずっと頭の中にあるのですが，でもそれは何でもありません」と彼女は答えました。それからほぼ解離したように，つまりどんな情緒からも解離させて話しました。それは，かつて父親が彼女を寝室に招き入れて，男のペニスがどのようなもので，そこから何が出てくるのかを見せ，敷物が濡れているのを見たことの描写でした。彼女はこれが驚くべきことだということを私の表情から判断できましたが，それが何故なのかはわからなかったのです。彼女の障害ゆえに，他の保護的な行動と同じように，父親は彼女を守るためにそういうことをしたのだと彼女は主張しました。私が「お父さんはペニスを見せて，あなたの目の前でマスターベーションをしたということを言っているのですね」と言うと，彼女は「そうだと思います」と言いました。彼女が解離的な

状態から脱して，怒りと嫌悪を表すにはしばらく時間がかかりました。私たち双方にとって非常に痛ましいこのセッションの後，毎週のサイコセラピーはさらに2年続きました。

終結しようとしている時に，時としてまったく新しい問題が現れてくることがあります。私の患者の多くは女性ですが，常に驚かされるのは，性的虐待のエピソードが，中には現在進行中のものまでが終結の間際で思い出されることが多いということです。「なぜ今なのでしょうか？」という私の問いに対する答えとして，「これが私に与えられた最後の機会です」という，切迫感が素材を意識に上らせるよう後押ししているように見えます。ひとたびそれが表に出てくると，患者達はこのように外傷的な出来事がどれほど完全に抑圧されていたかに驚くようです。今度は新しい素材を扱い，それを他の治療的な作業の中に統合するために時間を使う必要があります。

しかし，終わりに近くなって新しい，ないしは見かけ上きわめて重要なトピックが表れることは，やめることへの抵抗かもしれません。それはちょうどセラピストが時間延長してくれるのを期待してセッションの終わり際に非常に情緒的な問題を持ち出すと同様です。もしこの行動が以前にもあり，今回も同じように思える時は，双方にとってその根本を理解して徹底操作するもうひとつの機会が与えられたということです。

この終結期においてしばしば私は，前向きに計画を立てている患者との間で，肯定的な良いセッションをより多く体験するように思います。私はセラピーが効果を表すことで自分が患者をどんどん好ましく思うようになることを体験しています。特に非常に難しい患者の場合，私自身が彼らを本当に好ましく思うようになって来る感じを持つ時が，終結を考える時だという感覚があります。

通常より長引く終結での同様の現象は，終結段階において短期間に濃縮された形で生じてきます。例えば，症状の激化や新しい素材の展開です。終わりまでの時間が短い時，こうした要素を扱うのはさらに難しいので，他の場合よりも尚いっそう鋭敏な感受性をもって扱わねばなりません。

ある時点で患者とセラピストは，患者が主導して，実際に終わる日程，あるいは大まかな日程を決めねばなりません。しかし患者の方では終わることがさらなる感情や，時としては新しい素材を誘発することに気付いていないかもし

れないことに留意すべきです。それゆえ，もしあなたに余裕があれば，できるだけゆったりと構えているのが賢明です。

　もちろん，おおよその日程が決まった後に新しい問題が現れた場合には，セラピーを延長する可能性も検討されねばなりません。「新しい」素材が終結に対するパニック反応と理解される場合ですら，それはあなたの患者は終わる準備ができていないしるしであり，まったく当然のことですが，さらにもう少し時間を要するかもしれません。というわけで，終結コースから降りて，できることなら短い迂回路を選ぶということについては十分柔軟である必要があります。あなたは患者に終わる準備ができていなくて，もっと「励まし」が必要だという印象をもつかもしれません。ここで私は，ニューヨーカー誌に載っていたある漫画を思い出します。そこには分析家がカウチのエジェクトボタンを押し，カウチが傾いて患者がそこから滑り降りる様子が描かれています。ここでは明らかに，終わることへの抵抗の理由は，もちろん逆転移も含めてまだ十分に探求されてはいません。

　終わりを実際にどのようにするかは，たしかに交渉によることは間違いないのです。私が訓練分析を受けていた昔は，正しい終わり方はセッションを週に4～5回からゼロにすることでした。このやり方が終結に至るまでの患者の作業を最大のものにし，別れを告げることについての患者の感情に到達することと考えられていたのでした。私は終結後の患者の情緒に関する説明を記憶していないのですが，そこにはとても重要な精神分析的意味づけがあったに違いありません。ただ私が思い出すことができるのは，不気味な剥奪された感情だけなのです。

　ともかくも，今日私たちは以前より啓発されており，精神分析においてですら，患者に徐々に頻度を減らしたいかどうかを決める余地を与えます。週に一度あるいは複数回から2～3週に一度，あるいはしばらくは月に一度に至るまでの間隔で，終わることについての感情が語られ，それが回避されない限りは，それがゆるされるのです。終わることへの患者の強い反応の大部分が探索された後に，実際にセッションの頻度を減らすことが最良の効果をもたらします。

　第1章で取り上げた，42歳の女性ベティの終結についての記録をここに示

しましょう。この女性は家族が家を出るかどうか，またそれはいつなのかを決めかねて父親が暴れ回るのを恐れながら車中で待っていた幼少時の体験から，私の遅刻に激怒したのでした。すでに述べましたが，ベティの父親は彼女がセラピーを開始した時にはアルツハイマー病を発症していました。

彼女はシステムアナリストという職業に就いていましたが，治療の最初の2年間世の中の人と繋がっているという感覚がもてず，コンピュータと自然という世界の方に馴染んでいると述べていました。彼女は人の中にいると，いつも場違いなことを言って，大声で喋ったり笑ったりしてしまって人を遠ざけていると感じていました。彼女は高校時代にグループには決して属さないタイプの人で，大学の時でさえも自分は好かれていないと思っていました。多くの貴重なサイコセラピーのセッションを要約すると，ベティが私との関係を築けるようになるにつれて，彼女は自分の率直で正直で活力に満ちた部分を育てて価値を見いだし始めたのでした。彼女は自分自身を，独特な考えをもつ人間として，そして仕事で偉大な貢献をすることができる人物として考えました。言い換えれば，彼女は自分自身の人と「違う」部分を受容し始めました。ベティは以前よりリラックスし，人付き合いにも神経を張りつめることがなくなり，自分の男性との関係性を，批判的で要求がましいけれども愛情があり刺激的な父親との関係とのかかわりで分析し始めたのでした。彼女は自分がどのように父親に似た男性を選ぶかを理解しました。しかしそれは自分が取るに足らないと感じる様なネガティヴなやり方だったのです。なぜなら彼女の父親との関係ではそれらは非常に外傷的な特徴だったからです。

「周りの人たちから避けられる好かれない女の子」から自信に満ちた女性へという，この個人の成長を見守るのは，私にとってこの上ない喜びであり，彼女はこの新しく挑戦的な状況を熱意とユーモアをもって切り抜けたのでした。治療の初めから終わりまで存在していたテーマでもあったベティの父親の健康はどんどん悪化していきました。彼女は以前，泣くことを決して自分に許さなかったのですが，父親がこの残酷な死へと向かっていくのを見て，自分が感じる本当の痛みや哀しみを自由に表現することができるようになりました。彼女は自分が父親との間にもっている絆，すなわち他の家族とは異なって，彼女は父親のお気に入りだったという絆に気付いたのでした。彼女はまた父親への深

い愛情ばかりでなく，父親に向けられる激しい怒りにも気付きました。さらにセラピーの中で共感をもって聴くことを学び，それを使うことで彼女は母親を助けられるようになり，母親にとっては批判的ではない聞き手となって，おおいに支えとなったのでした。

　ベティが初めて治療の終わりについて言及したのは，父親がまだ生存中で，彼女がより責任の重くなる仕事に変わり，ある休日に遠くへ出かけてみた後でした。彼女は以前よりずっと良くなっていると感じていること，特に他の人達から嫌われるのではなく好かれることを期待していることを快く感じていると話しました。そこで私たちは終結についての対話を始めました。しばらく後に私はベティの隔週の面接という提案に同意しました。私たちはふたりとも彼女の父親の差し迫った死を案じていたのでした。

　こうして約2カ月，ベティは初めて彼女自身を心地良く感じさせてくれ，彼女のすべてを受け容れてくれると感じられるひとりの男性に出会いました。男性を選ぶ基準は，治療経験から採り入れられて，いまや彼女にとってきわめて重要なものとなっていました。私たちに残された時間，彼女はこの新しい関係がまた古いパターンへと戻ってしまう恐怖について語りましたが，そうなりそうな時には，たいてい彼女自身がそれに気付いて自分に対してはっきりと物が言えました。私たちは，彼女が本当に父親とは別の男性を愛することができるようになるために父親から離れる必要性について話し合いを重ね，彼女はセラピーに不可欠な作業をなし終えたしるしとして，父親の死の前に新しい人物に出会うことができたことが分かったのでした。同時に，病状悪化につれて，ベティの父親は以前のような強い影響力はおよぼさず，彼女の成長を認めようとしていることが示されたのです。彼は彼女の成長を妨げようとはしていなかったのです。父親の病気が彼女の成長におよぼす影響を度外視することはできなかったので，もしも彼が病気にならなかったなら，どうなっていたかを話し合うためにある程度の時間を費やしました。この時点でベティにわかったのは，彼女が引き返すことは想像できないことと，彼女は今の場所にいることで幸せだということでした。彼女は父親がそれを認めたであろうとさえ思いました。ただ父親がいつものままだったならば，そこに達することははるかに困難であったであろうということでした。

ベティの父親の死が訪れた時，それは彼女にとって大きな心の痛みでしたが，想像していたような，引き裂かれるようなものではありませんでした。その直後に彼女から治療を去る準備ができたことを告げられ，私は同意しました。そして私たちは終わりの日を決めました。私たちはふたりとも別れを告げることを寂しく感じていましたが，私はベティが人生に生じてくる避けがたい問題を，ほとんどの場合に，これまでとは違うより良いやり方で扱うことができるだろうと感じていました。

　この話は長期にわたるサイコセラピーの終結がどのようなものかを示す道案内として提示されています。私たちがいかにゆっくりと実際の終わりの時に近付いたか，ベティがどのように頻度を変えることを持ち出したか，ベティが後戻りする恐れを実際にどのように認識して話し合ったか，そして彼女が自ら父親を手放すためには彼の病気が大きな部分を占めていたことを私たちが理解することができ，そうすることでこの成果が過度にセラピーのおかげだと考えないようにできたかをわかっていただきたいのです。

　しかし終わりというのは患者とセラピスト双方にとって困難な時間を意味するので，しばしば望んでいたようにはスムーズにはいかないものです。たとえ患者に治療を去る準備が整っているにせよ，終結は嵐のような時になるかもしれず，患者とセラピストの中の未解決な葛藤が終結を邪魔するかもしれません。時には，終結に関する感情が完全にはワーキングスルーされていないために，患者にもセラピストにも不満足な，あるいは（私自身の終結について以前に述べたような）剥奪された感情が残ってしまうかもしれないからです。次の節ではこのことについてもう少し詳細に述べましょう。

　最後のセッションはあなたがた双方にとって難しいものになるはずです。必要であれば，セラピストは模範を示さねばなりません。いつも私はふたりにとってこれが最後のセッションであることを思い出すことから始めます。

　患者によっては贈り物を持って来るでしょうし，そのことについて話し合う時間はないので，ふさわしくないもの，あるいはあまりに個人的なものでない限りは，私はそれをありがたく受け取ります。通常，話し合いは患者の当面の計画を中心にします。あなたが，患者が，そして双方が大丈夫であるという保証が必要となるかもしれません。「もし〜が起きたら」は通常話し合いによっ

て扱われますが，あるいは彼らが本当に必要とするならば改めてあなたに連絡をとることができるという再保証を与えても良いでしょう。もちろんそれがあなたに可能な場合に，です。別れは温かなものです。もし患者が「名残惜しいです」と言う時は，私はいつも「私もです」と言います。あなたがそれを泣かずに言えるかぎり，これを耳にすることは患者にとって良いものになるでしょう。患者が握手を求めて来るとすれば，それはまったくこの場にふさわしい行動です。抱擁（ハグ）は患者が長く続く性愛転移を持ちこたえてきたかどうかによって意味が異なるものかもしれません。軽く抱擁（ハグ）して別れるのは，本来の意味である限りはなんら悪いことはありません。あなたの判断力にまかせます。

　患者によっては終了後6カ月くらい後の面接の予約を望む人もいます。彼らは別れてから起こった「すべて」をあなたに話すことができると想像しているかもしれません。こうした面接を設定することは，それが必要だと思われる患者には意味があります。あなたの（元）患者は，一緒にいなくてもあなたがまだ生きていて，オフィスにいることを確認できますし，彼らはあなたの落ち着いたイメージを新たにし，あなたと再び連絡を取ることができること，つまり扉は閉ざされていないことを実際試してみるのです。セラピストにとってそれは通常患者を冷たい残酷な世界へと放ったことについての罪悪感を和らげる機会となります。しかし，あなたが治療作業をしっかりと終わらせていれば，この6カ月点検は大いに拍子抜けになってしまうでしょう。患者は自分達の人生を幸せに過ごしているでしょうし，その予約をあやうく忘れかけるかもしれません。

　こう言っても，数年後にセラピーやさらにそれ以上の分析を受けに患者が戻って来ることがないと言っている訳ではありません。確かに私にも終結後最長10年で戻って来た患者がいます。彼らは一般的には以前とは異なる問題を抱えて，こうした問題が彼らにどのように影響しているかについて私には理解できるだろうと感じています。事実，精神分析関係の論文の著者の中には，終結を治療における中断だと呼ぶ人もあり，私たちに本当の終わりはないと言っています。確かに，私たちはこのように考え続けるという過程が患者にとって決して終わることがないことを望んでいるのです。

「定型的な」終結における転移の問題

終わることはあきらかに双方の人間を巻き込むので，終結においては，転移と逆転移を選り分けることは，セラピー過程の他の時期に比べて尚一層難しいものです。しかしここではまず転移を強調して論じることを試みます。覚えておいていただきたいのは，セラピーは双方にとって，他のいかなる関係性とも似ていないということです。それは近い close 関係になることではなく親密な intimate 関係なのです。双方にとって深い真実を明らかにしますが，ひとりの方は沈黙したままです。私たちは友人や両親そしてパートナーとさえも異なるような深いかかわり合いを持ちます。患者にとっては何を期待してよいかわからない不安に満ちた始まりと，またもや何を期待してよいかわからないしばしば強烈な終わりは，転移空想と投影がとりわけ大いに展開される機会です。

終結期はしばしば転移性投影の結晶化が起きやすい時で，その中には古い転移の改訂されたものがあり，また新しい転移が現れる機会でもあります。すでに述べられたことではありますが，他の分離，例えば，休暇の際にあなたが気付いていたかもしれない喪失と見捨てられの感情は，セラピーを締めくくる時に浮き彫りにされるかもしれません。終わることについての考えは患者から提案されたとしても，それでも患者は尚あなたに棄てられると感じるかもしれません。早期の喪失と分離への患者の反応を知ることが基本的に重要なのはそのためなのです。

第4章ではひとりの患者を取り上げました。終わりの頃のあるセッションの中で，ビートルズの「シーズ・リーヴィング・ホーム」のメロディを口ずさんでいた患者です。彼女は，おそらくその歌手もしくは歌の中の両親が感じているように私も感じていると思ったことを認めました。すなわち私が彼女に多くのものを与えたことや，今や彼女が私から離れていこうとしているということです。彼女の母親は病気を抱えていて生活が苦しく，彼女の結婚後に病状が悪化し，彼女が家を出た後2年で実際に亡くなったという体験があったので，彼女は自分が去った後に私がどうやって生き延びていくかを心配したのでした。この患者にとって終結期の長さはとりわけ重要であり，その間に彼女は私

がまだ大丈夫かをチェックし続けることができたのでしょう。これが終結後6カ月のフォローアップ面接を約束することを決めた状況でした。

以前に登場した患者のジェフは，関係性にコミットすることに問題をもっていましたが，セラピーを終結するという考えを提案してからは，明らかに気分が良くなっていました。彼は新たに見出した自信を，特に性に関する領域において実際に試してみたくなったのでした。それについて私たちは詳細にわたって話してきたのですが，それがうまくいったとかいかなかったという報告もありませんでした。彼は初めて私にいちゃついてくるようになりました。私はこれを（やさしく）指摘し，このように私と関わることが治療を終えることに関係があるか考えるよう提案しました。彼はしばし考えて，おずおずと「女性を棄てる前にさんざんいちゃつく」（！）という以前の行動に逆戻りしているのではないかという考えを出してきました。これによって彼の性愛性について更に話し合いが進み，そして関係を終わらせる前に切望されているという感覚を相手に与えることで，双方にとって関係解消は決して容易ではなくなってしまうということを彼は理解したのでした。こうした行動がセラピーの異なる時期に生じていれば，私たちは疑いなくそれについて異なる解釈を考えていたでしょう。

終結の期間に症状が悪化するかもしれないということが言われてきましたが，時としてこれは転移反応によって生じます。症状の悪化はセラピストへの敵意を示しているかもしれません。特に患者が自分の両親にそうされたように，巣から時期尚早に追い出されようとしているというイメージを持っている場合や，それが依存にしがみついている証拠であり，治療においてまだ十分に分析されていない場合です。特定の症状の意味や，それが患者の人生における重要な他者とどのように関係し，どのような機能をもっているかは再探索されねばならず，それによって患者が良くなっていないことの意味や助けを求める叫びはより深く理解されるのです。

もちろん患者は終結期において，遅れて来るとか，セッションを忘れるとか，誰かを連れて来るとか，そして時にはあなたに会わせようとペットを連れてくるなど，さまざまなやり方で転移を行動化することがあります。私はこの時期に二匹の猫に会ったことがありますが，そのうちの一匹は瀕死の状態でした。

また一匹の犬，そしてひとりのあかちゃんにも会いました。他の時にもあかちゃんには会ったことがあり，風変わりな犬にも会ったことがありますが，終結期に彼らがやって来る時，それは終わることから気を逸らすという目的だけでなく，あなたがもう決して知り得ないと分かっている患者の人生の一部を持ち込むのです。また，患者はこの段階でセッションの終わりには立ち去ることにますます気乗りがしなくなっているかもしれず，もっと話すことがあるような切迫感を持っているかもしれません。

　時として患者は終結のちょうど前後に，通常は親友といった別の患者をあなたに紹介するでしょう。もしそれが終結の直前であれば，その行動について解釈をする機会があります。その紹介はそれが終わるまでは受けるべきでないし，あるいはいずれにせよ受けるべきではないかもしれません。それは終結の前後どちらであっても，共通の理由は，治療を終えようとする患者が身代わりをあなたに提供しているということなのです。ただしどんな身代わりでも良いわけではなく，よく選ばれた身代わりです。男性の同僚が語ってくれたことですが，彼と恋愛をしていると思っていた女性患者が，彼が自分の代わりに別の，もっと魅力的な女性をその後に入れることを心配して，彼女の一番仲の良い男友達を紹介してきました。この友達の紹介という行為は患者にとっても，あなたから目を離さず自分も同じ経験をしているようにあなたのことを聞き，そしてもちろんあなたが今も生きていることを確かめられるという利点があります。彼らは同様のことを，かつて実家を出た後に，年下のきょうだいにしていたかもしれません。また彼らは，この新しい患者が，身代わりとして継続的に彼らのことを思い起こさせ，そのようにしてあなたとの治療を継続できるための位置標識としての役割を果たしてくれることを望んでいるかもしれません。患者は，両親がもうひとり年下のきょうだいを望みながら叶わなかったという経験をしていたかもしれません。つまりこうして患者はあなたの臨床が下火になっていく場合に備えて，そこを年下のきょうだいによって埋めることで助けようとしているのです。それはあなた方を結びつけることにより，あなたに対しての，また新しい患者に対しての影響力を行使しようというやり方かもしれません。

　患者の中にはあなたと同一化することでセラピーに必死にしがみつこうとするうちに，終結時あるいはその頃になってあなたの職業に関心をもつようにな

る人がいます。彼らは実際に心理学のコースを取るかもしれませんし，あるいは他のやりかたでセラピストになるというキャリア選択を計画し始めるとか，そういうキャリア選択へと進路を変えるかもしれません。この行動は，あなたになろう，あるいはあなたに似たいという望みのほかにも，治療の間には表面化しなかった羨望の感情，もしくはきょうだい間のライバル感情を示唆しているかもしれません。この状況において，患者にこの仕事を追求することを思いとどまらせようとしているように思われないように潜在的な動機を解釈することは特に難しいものです。あなたがそれを探求し始めると，彼らはあなたが自分達をこの領域で仕事をするほど優秀とは思っていないとか，十分に「安定して」いないとか，そして自分達を同僚としては望んでいないと思い込むかもしれません。患者は治療から非常に多くを学び，心理的に考えることに大きな楽しみを味わったので，自分がこの領域もしくは隣接領域の職業に向いているかどうか知りたいという正当な興味を抱いたという時もあるかもしれません。どちらの場合でも，例えば心理学を勉強することについての感情や願望そして空想は探索されねばなりません。通常は，この問題についてあなたと徹底的に話し合う時間を持った後では，患者は自分達にとって最善の決定ができるようです。

　終結期は一般的に境界がより踏み越えられやすくなる時です（Gabbard, 2010）。患者はセラピストの個人的な生活について聞く権利をもっているように感じるかもしれませんし，セラピストの中にもそれに答えねばならないと感じる人がいるかもしれません。あるいは初めから彼らは患者にずっと話したくてたまらず，今ようやくそうすることを自分に許すのかもしれません。あなたが個人的な情報を与えるにしても，それを制限するのが最良でしょう。患者は将来いつかあなたとのセラピーに戻る必要があるかもしれないのです（それにあなたに関する現実的なことがらで見事な理想化を駄目にしてしまうこともないでしょう）。

　終結段階で時々生じるもうひとつの転移反応で，訓練生にとってうまく扱うのが特に難しいかもしれないのは，終結の後，違う形で関係を継続したいという患者の提案です。例えば，その中でもより微妙なものは「私が読んでいた本を持ってきますよ。あなたはきっと気に入りますよ。いつかついでに届けに来

ましょうか？」というようなものですし，あるいはそこまで微妙ではなく，「私たちは同じ大学の学生ですから，一度くらい一緒にお茶を飲んでもいいんじゃないですか？」そしてさらに微妙さがなくなると，「もはやセラピーをしていないのですから，デートをしたって悪いことはないでしょう」となります。こうした申し出すべてに対する答えは「いいえ」でなければなりません。どれほど多くのセラピストがこのような無知な仕方でトラブルに巻き込まれているかを知ればあなたは驚くかもしれません。

　もしこれが問題になっているのであれば，「友達関係」という問題，あるいは関係を続けることについてスーパーヴィジョンで話し合うことが重要です。初心のセラピストの中には，患者を拒絶しないよう彼らの申し出を受け容れるべきであると感じている人がいます。患者がその後に会いたいと望むことを嬉しく思う人もいます。インターンもやはりそれが唯一の「民主的」なことだと感じるかもしれません。彼らは自分達がやっと患者の人生においてさほど力のある人物としてみなされなくなり，彼らと同等な関係でいられることに安堵するのです。

　継続的な接触への動機が，「私は話し続け，あなたは聴き続けて私をサポートしてくれる」というように，友情という見せかけの下にセラピーの関係を長引かせようというように見えるならば，もっと気軽に付き合える友人を持ちたいと思っているセラピストにとって，これはあきらかに不当な扱いです。もし彼らがあなたのお気に入りの患者であり，そしてこれまでずっとそうであったとすれば，これは未解決のきょうだい葛藤と関係するかもしれません。時としてセラピー後に特別な関係をもちたいという終結期の患者のニードは，「いまや私はまったく自分だけのママあるいはパパを手に入れた」と行動化されるような未解決なエディパルな願望の行動化，そして，（あるいは）言うまでもなく未解決な性愛転移を含んでいることがあります。

　この状況を扱う際，その根源を探索した後に，あなたは次のことを繰り返して言うことができるでしょう。すなわちセラピーの関係を友情や恋愛にさえ変えようとすることは，間違いなく患者をおおいに失望させるでしょう。なぜなら彼らはもはや関心の的にはならず，あなたの問題や弱みをも聞かねばならなくなるからです。次のような質問をすることで，転移空想をこれまでよりもっ

と探索するチャンスになるかもしれません。「大学での私がどんな風だと良いですか？　私についてどんな友情や関係性や結婚を想像しますか？」この方法で，患者の過去の人物からの置き換え，そして患者自身の願望の投影を明らかにすることができるでしょう。

　もし適切であれば，あなたは彼らのセラピストとなる可能性を持ち続けたいから，という理由で彼らと友達になることはないと繰り返して言うことができるでしょう。彼らは面接室の外で大勢の友人や恋人さえつくることができますが，今あなたがしているように彼らを理解するセラピストをみつけることは難しいでしょうし，だからこそ必要に応じて先々あなたとコンタクトをとる道を残しておくことは好ましいことなのです。

　転移反応は治療のまさしく終了まで，そしてそのずっと後でさえ生じるものです。そしてそのためには例えば一年後に道で患者と出会うとしても，あなたは彼らにとってやはり特別な人物であり，彼らもあなたにとって特別な人物です。そこでこうした反応には最後の最後までフラグを立てて解釈がされねばなりません。この反応は，あなたが自分自身を転移対象として活用し続け，患者と手を携え，受容的なやり方でこうした反応を探索して理解しようとする限り，患者のパーソナリティを理解するための魅力的な素材を提供し続けるのです。

「定型的な」終結における逆転移の問題

　Novick（1997）は，フロイト（1937）の画期的な論文以後約71年の間，精神分析家達は終結期という思考を抱くことができず，これは終結 termination という語には死の響きがあるからであろうかと考えていた，と述べています。しかしながら，ここ20〜30年の間にこのトピックに関する膨大な文献が蓄積されてきています。ところがNovick はいまだに，治療の終わりに対するセラピストの反応の中には何かしら妨げになるものがあるという見解を持ち続けています。おそらくそれは，終結に際して私たちが現実に向き合わねばならないこと，自分達の，そして患者の，更に治療的方法論の現実的な能力に直面せねばならないということなのです。セラピストは，とりわけ終わりが近付くことについて否認を使うエキスパートのようです。

この重要で濃密な時間に対する私たち自身と私たちの反応を精査し始めるにつれてやっと，患者を失うことについてのセラピストの情緒的反応について書かれるようになりました（例えば Viorst, 1982）。数年前に行われたインタビューからは，分析家達は終わりへの反応として患者と同様な感情の幅や強さをもつというだけでなく，痛みを最小限にし，喪失を否認するために患者たちが用いるのと同様の防衛をも使うことがわかりました。そして患者と同様に，私たちもセラピー後の関わりのファンタジーをもつことすらあるかもしれないのです。

これはなぜなのでしょうか。もちろん私たちも患者と同じくらい激しく治療に巻き込まれているからですが，それは患者とは異なる観点からです。十代の若者の親のように，私たちは患者を出立させ，私たちがいなくてもさらに成長させなくてはなりません。そして彼らが私たちから学んだものを活用してくれることを望むのです。セラピストとして，私たちはこれまでの人生において，両親から，教師やスーパーヴァイザーや個人分析から，そして自分自身の体験から学んだものを伝え続けます。私たちが患者に教えられなかったこと，彼らがまだ学べていないこと，そしてむしろ私たちがいない方が彼らにとってよりよく学ぶことができる可能性のある事柄の存在を認めるのは難しいかもしれません。

Novick（1982）は，自分が分析家との別れを惜しむよりもさらに，分析者が自分との別れを惜しむだろうという考えを表明した患者の分析の終結について書いています。患者を引用して Novick は言っています。

> それから私の患者は私について，特に私が彼女とこれまでどのように共に過ごしたか，私と私が行った解釈が彼女をどのように助けてきたかをよくわかっているにもかかわらず，おおよそ私は彼女の頭の中では，明滅するろうそくによってスクリーンにうっすらと映し出される影絵の人形であったと言った。
> （Novick, 1982, p. 354）

もちろん患者が常にカウチに横たわっている分析においては，サイコセラピーにおいてよりもほぼすべてのことについて目に見えるものはさらに少ないのです。それでもやはりポイントは同じです。

彼は続けます。

> しかし一方で私は他の誰よりも彼女のことをはっきりと見てきたし，彼女のことを詳細に知っている。私は彼女が成長し変化していることを見て来たし，私もその成長と変化に関わって来た。おそらく彼女が私との別れを惜しむよりも私の方が彼女との別れを惜しむだろう。　（Novick, 1982, p. 354）

彼が述べているように，私たちは患者を人として，現実の対象として知っています。しかし彼らは私たちをセラピストとしてしか知らないのです。

前に書いた終結後の6カ月チェックは，確かに患者のためであると同時にセラピストのためのものでもあり，セラピストの中には別れを告げることに気が進まないためにそれを提案する人もあります。患者と一緒にいたいという自分自身のニードを行動化するのをうまく避けるために，こうした種類の可能性について考えていることがよいでしょう。それは治療終結間近になってからも，いやおそらく特にその時期になってからこそ，あてはまるのです。

ローラは温厚な34歳のフルート奏者でしたが，パフォーマンスに関してきわめて難しい問題が生じたために私のところにやって来ました。彼女は優れた演奏技術を持っており，演奏する時は常に激しい不安があるにもかかわらず，数多くの賞を獲得していました。彼女はフルオーケストラの中で，第二フルートもしくは第三フルートとして演奏する時に最も居心地よく感じたのですが，その時でも同じ舞台に立っている仲間からの自分に対する批判を心配していました。ローラの両親は共に音楽家であり，父親はジャズのサックス演奏者としてよく知られていました。彼女には2人の姉妹があり，そのどちらも音楽家ではありませんでした。ですから，家族の名声の維持は彼女にかかっていたのでした。

ローラは優しく繊細な人で，隣人を助けることや両親や他の家族メンバーを気遣っていることについて語り，セッションにおいても本当に優しく振る舞いました。私はすぐに彼女を好ましく思い，また敬意も抱きました。彼女はまさに私たちが自分の問題を語りたくなるような人であり，それが当然ながら彼女の問題のひとつでした。治療作業の中でローラは「父親と演奏 play with したい」というエディパルな願望をもつことが不安の原因となっていることを理解でき

ましたが，そのローラの父親は，彼女をめったに十分よい good enough 演奏家であるという意見を持たなかったのです。しかしこれはバイオリニストである母親が，父親と暮らしていることよりはましなことでした。彼は彼女と決して共演しようとしなかったのです。サックスとフルートが共演すると，もちろんサックスの音はフルートの音をすぐさま搔き消すでしょうし，それは彼らの異なるパーソナリティの比喩となったのでした。

ローラが理想化された父親についての問題のワーキングスルーを始めた時，彼女が十代の頃，水着を着ていた時に父親が性的ないやらしい目つきをしたというような「むかむかするような」出来事をふたつ想起しました。こうした記憶が前面に出て来ると，彼女は父親に非常に怒りを感じるようになり，この感情に対して理想化が防衛として働いていたことは疑いもありませんでした。怒りは激しさを増し，父親の他の行動にも疑問を感じることができるようになりました。それは父親の彼女に向ける主たる関心は彼自身の自己愛の延長物としてであったということであり，それは父親が自分の友人達のために彼女に演奏をさせた時でした。自分の怒りを受け容れ，父親についての否定的感情を許容できるようになるにつれて，彼女はこれまでよりも父親から独立することができるようになり，自分を独自の音楽家であるとしてみなすことができるようになりました。ローラは（大きな音の）サックスの伴奏でジャズを演奏するのでもなく，あるいは身を潜めていられるフルオーケストラの一員となるのではなく，小さなグループと共に室内楽を演奏するようになり，それを満喫したのでした。

ローラが終結について考えていると言い出した時，私はとても悲しくなりました。私は洞察を共に得ることばかりでなく，彼女に会うこと，彼女が私の受容と支持を活用して成長することを目の当たりにすることを楽しんでいました。終結の期間，私はこの感情をどうにか抱えておくことができましたが，終結が私にとってつらいことであるというなんらかの感覚を彼女がもっていることを知っていました。それでも彼女は作業を続け，妨げになる（あるいはそのように見える）ほどには私のことを心配せず別れていくことができたのでした。それは振り返ってみれば彼女の治療の重要なゴールでした。「私のコンサートにいつか来てくださいますね」と彼女は最後のセッションで言いました。「多

分ね」と私は同意しました。しかし私は決して行くことはありませんでした。

　セラピストがカップルの治療に関わっている場合，終結に生じる逆転移感情は相当強烈なものになるかもしれません。後に残されたセラピストは先立たれた感覚もしくは見捨てられた感覚になるかもしれないのです（Usher, 2008）。カップルは，共に治療から離れていき，将来を分かち合う相手を持っていますが，セラピストはその反対に自分のオフィスにたったひとりで戻り，それはエディパルな時を思い起こさせるような排除された感覚を呼び覚ますのです。この時セラピストの中には他の見捨てられた記憶が表面化しやすいのです。

　患者が終結を迎えることで，セラピストがとても大きな安堵感を抱く時もあります。この問題についてはすでに時期尚早な終結における逆転移のところで述べているものもあり，そこではセラピストは自分の否定的感情を実際にセラピーの尚早な終結という形で行動化しています。患者が長期にわたって扱いづらく，それによってあなたが無能なセラピストであると感じられる場合，患者があなたの嫌いな人や，競争的になってしまう人や，羨ましいと感じる人を想起させる場合，あなたが患者と共有したいと思っている以上にあなたのことを知ろうとしてあまりに個人的な生活に立ち入りすぎる場合，あるいは患者があなたの見解を軽視する場合，こうしたすべての要素，また既に述べられたその他の要素は，その患者が終結を迎え，その記録ファイルを閉じる時にはメルローのおいしいワインでお祝いをしたいと思わせるものです。

　終結は本当に終わりなのでしょうか。ある状況においてはそうならなければなりません。患者とセラピストがもはや同じ街に住んでいない時や，セラピストが病気になったり引退した時，そしてこれ以上の関係が求められなかったり必要でもない時です。そうした場合でも私たちは互いのことを長い月日が過ぎてしまった後でも覚えているものです。そしていつでも私たちは患者にとって終結がある種の始まりであることを願っています。そこでは人生と達成できる何かを新しく正当に評価することがすでにスタートしており，彼らを支える人生についての新しい考え方が始まっているのです。

第8章
スーパーヴィジョンを活用すること

　ここで少し前のヴィネットを紹介しましょう。かなり痛烈なものですが，残念ながら事実であり，幾分誇張されているようには見えるかもしれませんが，おそらく今日珍しいものではないでしょう。

　スーパーヴァイジーが実際に書いた数少ない早期の論文の中で，Gauthier (1984) は精神科レジデントとしてスーパーヴィジョンを受けた自分の体験を描いています。彼は自らを，スーパーヴァイザーの言葉を患者に運ぶ「メッセンジャーという役割」とみなしていました。Gauthier は難しい患者の治療を行っていた時のこの臨床例を提示し，訓練セラピストが時として感じる無力さについて述べています。セラピーのある時点で，この患者は彼に贈り物を持って来たのでした。

> 　私はその贈り物をそのままスーパーヴァイザーに持っていった。本当の治療的関係は，私と患者の間よりもスーパーヴァイザーと彼女の間にあることをしばしば感じていた（あるいは少なくとも患者のためにはそうあるべきだと感じていた）ので，その贈り物は私にというよりもむしろ彼へのものではなかっただろうか？
> 　　　　　　　　　　　　　　　　　　　　　　　（Gauthier, 1984, p. 511）

　スーパーヴィジョンを活用することについては，それがとても重要で価値のある学習の機会であることをこの本ではずっと述べてきました。正しくそしてよく活用されれば，スーパーヴィジョンは初心のセラピスト，そしてさらに熟練したセラピストにとっても多大な利益をもたらすことができるでしょう。Schwartz と Abel（1995）は「精神分析的サイコセラピストの教育の核心は，個人分析は別として，スーパーヴィジョンを受けた臨床経験である」(p. 257)

と述べています。スーパーヴィジョン設定における力動に関しては，Knight（1945）や Kelly（1951）そして Hutt（1953）のものを含め，ごく早期の数編の論文があるので，さらに興味のある方はそれを参照してください。最近では，Gabbard（2010）が「長期の精神力動的サイコセラピーは二者間で行われるが，しかしそれは患者 - セラピスト - スーパーヴァイザーの三者間で学ばれる」（p. 189）と述べています。

　スーパーヴィジョンは双方にとってきわめて個人的な学習体験であり，どちらもその技術についてこれまで教わってきたことはありません。スーパーヴィジョンについて，様々な方法論とその構造的な側面については Wagner（1951）による初期の論文がありますが，多くの場合，学生はスーパーヴィジョンに何を期待してよいのかを学んではいないし，スーパーヴァイザーは滅多にスーパーヴィジョン技法の実際のトレーニングを受けることはありません。その上，この二者がスーパーヴァイジー，患者，そしてスーパーヴァイザーの不安を抱え，相互に評価しあう継続的な脅威と各々の弱さを露呈する相互的な危惧を含んでいることを考慮すれば，スーパーヴィジョンの二者関係は文字通り力動の温床です。Jacobs（2001）が述べるように「（スーパーヴァイザーにとって）ここには助けになりたい，尊敬されたい，あるいは魅力的で知的であると思われたいという願望が含まれる可能性がある。学生は指導者，親，あるいは迫害者を探し求めているかもしれない。」（pp. 813-814）

　スーパーヴィジョンはスーパーヴァイジーにとっていつでも最も不安を喚起するものであり，スーパーヴァイジーは同時に二種類の，つまり援助する立場から援助される立場へと行ったり来たりする情動的負荷をかけられるという特有の困難な立場に置かれます。そしてそこではすべての相互関係が双方の側に立つ個人によって吟味されるのです。加えて，三者全員の中で無意識の力が動員されています。さて，こんな状況でどうやってゆったりと構えることができるのだろう，とあなたは疑問に思うでしょう。

　スーパーヴィジョンにおいて生じていることを順番に見てみましょう。スーパーヴァイザーに会う前に，あなたはしばしば彼らについてのうわさを通してなんらかの「情報」を耳にしています。この情報は通常スーパーヴァイザーのインターンとの交流の仕方を巡るものです。例えば，厳しいとか優しいとか，

サイコセラピーを行うための理論的オリエンテーションとか，あるいは「私は多くを学んだ，あるいは，彼らはずっと自分のことを喋っていた」といったコメントです。時としてあなたはスーパーヴァイザーを選ぶぜいたくが許されるかもしれませんが，多くはあてがわれるものです。スーパーヴィジョンの状況は患者と共に助けを得るための場所としてだけではなく，評価を受ける場でもあるので，あなたがスーパーヴァイザーに良い印象を与えたいという気持ちになり，それゆえに少なくとも最初はいくらか防衛的になるのはきわめて自然なことです。Beckett（1969）が認めているように，ほとんどのスーパーヴァイジーは「よい学生」になる必要があります。しかし，この必要性のために，ちょうど「よい患者」のように，「よい学生」は抵抗せず，信頼をもつことや率直になることにためらいをもたず，そして抱いた信頼は危機に瀕すことはないという誤った漠然とした考えをもっている場合には，これは何もかもすべてを報告することの妨げとなります。もちろん，学生セラピストは率直で人を疑わずにいるべきで，スーパーヴァイザーを恐れるべきでなく不合理な期待をもつべきでもない，と言うことは簡単です。しかしこれを特にスーパーヴィジョン関係の当初から，あるレベルで実践することは（ちょうど私たちの患者がそうであるように）不可能です。もちろん，このすべてがスーパーヴィジョンであなたが患者を症例として提示するやり方に影響します。これは不幸なことですが間違いなく起こり得ることで，特に最初の頃はそうなのです。

　スーパーヴァイザーとスーパーヴァイジーの関係はひとつの人間関係であり，良い時もあれば悪いときもあると理解することは役立つかもしれません。Gabbard（2010）が述べるように，スーパーヴィジョン同盟と治療同盟には多くの共通点があるので，同じことが言えます。治療において，患者は苦痛な素材をセラピストが抱えてくれることを期待して委ねますが，スーパーヴィジョンでは，スーパーヴァイジーは難しい素材をスーパーヴァイザーが抱えるだけでなく，それをどう扱うかを助けてくれることを期待して委ねるのです。

　初心のセラピストは，スーパーヴァイザーが不安や失敗という体験を乗り越えていて，いつでも正しいことを言い，間違いなく客観的であるという根本的な前提をもっているかもしれません。この考えはスーパーヴァイズする我々にとってはすてきな話ですが，それはインターンの成長を妨げる状況を助長しま

す。そして私たちは皆，最終的には，一番よく知っているのは患者であるということを心しておく必要があります。

　先へ進む前に，この二者関係の大多数はまったく順調に経過することを知っておくのは助けになるかもしれません。そして学生セラピストが，その言葉の最も深い意味において育まれ，教えられ，理解されると感じられる雰囲気が通常育っていきます。この関係はしばしばインターンが同僚になってからもずっと続き，それぞれが互いの職業生活の中で特別な関係を維持していきます。

　精神分析的／精神力動的スーパーヴァイザーの大多数が，いくらかセラピーに似たものとしてスーパーヴィジョンを構造化します。あなたが週に一度患者に会うにせよ，より頻度が高いにせよ，スーパーヴァイザーは通常週に一度，ほぼ一時間の面接の時間を設定するでしょう。双方がこの時間を守り，スーパーヴァイザーのスケジュールの中で保護された場があなたに与えられます。

　本質的にセッションの契約は，セラピストがセラピーの時間に起こったことをスーパーヴァイザーに伝えることです。つまり患者，セッション，そして彼ら自身の持った印象についての説明です。話し合いにはスーパーヴァイザーの提供するガイドライン，時宜を得ていれば解釈の可能性を含みますが，セラピーがそのやり方でなぜ進展しているのか，あるいは進展していないのかをよりよく理解することが主眼となります。スーパーヴァイザーが異なればセッションのデータを聞く方法も異なりますが，ほとんどの場合セラピストが事例を報告するのを聴いて，その後に彼らの所見を述べます。

　この本の「はじめに」に述べたように，学生にセッションを録音するように求めた頃，私は彼らの録音を聴いてメモを取っていたものであり，単に言葉を聞くだけでなく音楽を聞くため，というのがそのやり方の根拠でした。Fink（2007）はそのかなりユニークな論文の中で，自分が普通ではない状況におかれた体験を語っています。それによれば，彼は自分が分析していた患者が，かつて学生分析家をスーパーヴァイズしていた時の同じ患者であったばかりか，数カ月間それが同一人物だと分からなかったというのです！　このケースでは，Fink もスーパーヴァイジーも，患者との作業と詳細にわたるスーパーヴィジョンで，自分達が優れた仕事をしたと感じ，実際に研究会で共に自分達の成果を発表したのでした。そして彼は，数年後に患者がさらなる治療を求めて

戻って来た時に，何故自分がその患者に気付かなかったのだろうかと問いかけています。彼は以下のように述べています。

>この患者は本当にはスーパーヴァイザーに知られていない。つまりそのスーパーヴァイザーの患者は訓練生によってスーパーヴィジョンのセッションに持ち込まれたその人ではあるが，スーパーヴァイザーによって代謝された時に，最終的に学生とスーパーヴァイザーの共同製作物になってしまうのだ。
>
>　　　　　　　　　　　　　　　　　　　　　　　　　（Fink, 2007, p. 1265）

　その学生セラピストの患者経験は，スーパーヴァイザーがひとたびその患者を治療し始めた時に持った患者経験とは大きく異なっていました。それはその患者が学生に持っていた（主として陰性の）転移と，スーパーヴァイザーに対して持った（主として陽性の）転移及び結果として生じる逆転移の相違によるものでした。Fink は自分が治療している人が自分の学生が治療していた人と同一人物であることが分かったときの驚きの経験から，その論文の終わりに，録音されたセッションはスーパーヴィジョンをより正確にするであろうし，おそらく彼はセッションが録音されていれば，この患者をただちに認識できたであろうと述べています。しかし私が序文で述べたように，録音にはマイナス面もあるのです。

　それでも私自身のスーパーヴァイジーがテープ録音をしていた頃には，テープを聴くことによって更なる洞察が得られることもありました。あるケースでは，いつもとても控えめで物静かなインターンが彼女の患者について駆り立てられたような様子で私と討論を始めたのでした。初め，私は彼女がスーパーヴィジョンを受けることにとても不安を感じていることと，私を喜ばせることがとても難しいと不安を感じているのだと思っていました。しかし彼女のテープをよく聴いていると，その患者が非常にせわしなくそして興奮して喋っていることに気付きました。一旦このことが分かると，このインターンは彼女自身とはまったく異なるペースの患者に圧倒されていると感じていたことに気付くことができたのでした。彼女は言葉の激しい流れを記憶していられないことと，うまく対応できないことを恐れていたことが分かりました。それはあたかも患者が彼女にうまく対応できない要求をしているかのようで，私にせわしなく話

すことによって彼女はなんとか助けて欲しい，とその要求を私へと向け変えているように感じられました。このケースでは，いつかは気付かれたかもしれないし，あるいは気付かれなかったかもしれないできごとを，録音テープがおそらくかなり早く明るみに出してくれたのでした。

　最近では，録音が煩わしいのがひとつの理由で私はスーパーヴァイジーの報告をただ聴くことにしており，それはスーパーヴァイザー達が用いているほとんど普通の方法です。このやり方で，スーパーヴァイザーはそのインターンがどのようにセッションを行ったかを，セラピストが感じるすべての情緒を伴って聞くことができます。そして時間の経過とともに，インターンは通常は「忘れられた」歪曲されたデータに気付くようになるでしょう。おびただしい量の記録をスーパーヴァイジーがスーパーヴァイザーに読み上げることに関しては，私にはテープ録音となんらか同じ問題があるように思われます。それは両者が「完璧さ」のためにセラピストの情緒を犠牲にする危険性です。結局のところ，インターンは主として現在自分が信奉している理論よりも，スーパーヴァイザーが彼らに対してどのように振る舞うかによって学んでいるのです。

　「スーパーヴィジョンにおける共感的利点」と題された章で，Sloane（1986）は，スーパーヴァイザーはスーパーヴィジョンにおいて，スーパーヴァイジーがサイコセラピストとして行動するように行動すべきであり，つまり基本的に黙って聴くべきだと述べています。Sloane はスーパーヴァイジーに知識を教え込む責任があると感じているにもかかわらず，理論化と解釈へと向かう自分の傾向を保留し，提示される素材とともに漂うことに自らを任せ，情緒的にそしてファンタジーの中で反応するようにしています。スーパーヴァイザーのジレンマは，どのように聴くかというロールモデルを提示しながら教えるということです。もしあなたがスーパーヴァイジーとして，スーパーヴィジョンの時間に自分が素材について伝えるための時間を十分にもっていると感じないならば，このことはスーパーヴァイザーと話題にする必要があります。

　初期の論文の中で，Fleming（1953）はスーパーヴィジョンのセッションで生じる3つのタイプの学習を概観しています。それは①模倣学習，あるいは同一化による学習——スーパーヴァイジーが完全にスーパーヴァイザーの方法に同一化している時，②矯正学習——患者の力動を話し合うことによって，ス

ーパーヴァイザーは学生が患者理解を明確にすることを助け，そうすることでより正確な解釈に到達できるようにする。そして③創造的学習——スーパーヴァイジーは自分達が自らに問うことを教わり（例「なぜ患者はこれをこの時に言ったのだろう？」），自分の答えを見つけ始める。彼は，こうしたタイプの学習はしばしば学生がサイコセラピストとして自信を持ち始めた時に，スーパーヴィジョン関係の中で結果として生じてくることが多いと述べています。

　スーパーヴィジョンについて書かれた大多数の文献はスーパーヴァイザーのためにスーパーヴァイザーによって書かれたものでした。しかし，いまこれからスーパーヴィジョンを受けようとしているインターン，あるいは目下スーパーヴィジョンを受けている研修生が，何が論議されているかを知っておくことは大事なことです。1955年にSearlesは，スーパーヴィジョンの二者関係の中に生じる重要なプロセスを特定し，それを反映のプロセス the process of reflection と命名した画期的な論文を発表しました。このプロセスは後に**パラレルプロセス**として語られるようになったのです（Eckstein and Wallerstein, 1958）。これについてのその後の調査はDoehrman（1975）によって行われました。

　反映あるいはパラレルプロセスとは要するに，セラピーの中で演じられていることをスーパーヴィジョンの中において，ある時点でセラピストが行動化あるいはエナクトすることを意味しています。このようにしてセラピストは患者との間でなにが生じているかをスーパーヴァイザーに伝え，スーパーヴィジョンの時間の中にパラレルプロセスをひき起こすのです。つまりそれはセラピーの時間に生じていることと並行しているのです。この行動化や劇化は，例えば患者が予約をキャンセルした時にスーパーヴァイジーがセッションをキャンセルするような些細なことかもしれません。スーパーヴァイザーは自由な時間を持てることを喜び，この種の要求と結託するかもしれません。あるいはこの患者を治療するということがどのような感じかを実地に示すために，通常は無意識で，例えばスーパーヴァイザーに対して攻撃的に行動するとかスーパーヴァイザーに情報を与えないでおくなど，行動化はもっと目立たないものかもしれません。スーパーヴィジョンの二者関係に対し，患者-治療者関係からの直接的影響があるように，スーパーヴィジョンの二者関係が患者-治療者関係に影

響を及ぼすのです。

　円熟して経験を積んだ実践家が大きな書類鞄ともっと大きなハンドバッグを抱えながら私とのスーパーヴィジョンセッションに初めてやって来て，席に着くやいなや鞄とハンドバッグをくまなく探し始めました。かなり必死な様子で鞄とハンドバッグの中身を床に投げ出したにもかかわらず，彼女は話し合いたいと思っていたセッションの記録を書いたノートそのものを持ってこなかったことに気づいたのでした。これを彼女の私に対する転移，つまり彼女は自分の仕事に対して私が批判的であることを予期していたのですが，その転移の指標として探索した後に，彼女は患者について説明を始めました。セッションの中で患者の話題がトピックからトピックへと変わりやすく，人生においても仕事と生活に落ち着くことができないのです，と自分が話すのを聞いて彼女は驚きました。結局のところ，彼女自身の逆転移によって，まさにこのことが彼女にとってこの患者のもっとも厄介な特徴であり，理解の助けが必要なことだとわかったのでした。

　そういうわけで，セラピーの中で生じていて，しかもいまだはっきりと同定されず理解もされていない非言語的な葛藤の存在についてスーパーヴァイザーに警告を発することができるのは，スーパーヴァイジーのその人らしからぬ行動です。Searles（1955）から引用して繰り返しますが，パラレルプロセスにおいて：

　　　　セラピストは（中略）無意識のうちに患者の中に何が生じてきているか，を表現しようとしている。つまりセラピスト自身の不安のためにスーパーヴァイザーに対してそれを正確に示したり，意識的に描写したりすることができないでいるような何かである。それはあたかもセラピストが無意識的に，このようなやり方でスーパーヴァイザーに治療的問題が何かを伝えようとしているかのようだ。
　　　　　　　　　　　　　　　　　　　　　　　（Searles, 1955, p. 144）

　MillerとTwomey（1999）は「プロセスなきパラレル A parallel without a process」と題された論文でパラレルプロセスの考え方を論じ，異なる個人が関与していることを理由にスーパーヴィジョンプロセスはセラピーとパラレルではないと述べています。彼らは関係論的な視点から，間主観的な領域とスー

パーヴィジョン関係のより広範な力動が考慮されていないので，パラレルプロセスはあまりにも概念を限定していると述べています。彼らはまたスーパーヴァイザーがパラレルプロセスを解釈している時，このことによって彼らが権威的な立場，すなわち観察者としての立場になってしまい，エナクトメントに影響を与え続けているスーパーヴァイザーのパーソナリティの重要部分を考慮に入れていないと述べています。

それでも大多数のスーパーヴァイザーとスーパーヴァイジーは，パラレルプロセスが展開している可能性があると理解することがとても役立つことを知っています。治療関係とパラレルではないスーパーヴィジョン関係の側面のひとつは，そこに明確な教師 - 生徒という組合せがあることです。ある程度の教訓的指導がなされなければならないので，教師／スーパーヴァイザーは，アドバイスをして解釈を与え，一般的にはセラピストよりも自らの知識を開示してもよい，とされます。スーパーヴァイザーへの注意は以下のとおりです。患者との間では行わないような長話をスーパーヴァイジーとすることが許されて，かつ奨められさえするので，スーパーヴィジョンがあなたにとってかなり満足を得るものになることがあると私たちは知っています。残念ながら，スーパーヴィジョンにおいて私たちは共感的な聴き方の最良の手本として知っているやり方では行動していないことがあるのです。

先にも述べたように，スーパーヴィジョンについての大部分の論文はスーパーヴァイザーの視点から書かれてきたものであり，多くのスーパーヴァイジー体験は確実に見落とされてしまっています。この章の冒頭に掲載した論文はひとつの例外です。やはりスーパーヴァイジーの視点から書いている Beckett (1969) は，学生にとってのスーパーヴァイジー - スーパーヴァイザーの組合せにおける緊張を強調しています。彼はセラピストの自然な不安と不確かさに加えて，過ちを犯すことやスーパーヴァイザーから批判を受けることへの恐れがある場合には，サイコセラピーというアートを学ぶことの難しさは倍加するだろうと述べています。

学生がスーパーヴァイザーの前で印象的な装いを示す必要性を感じ，同時にマネジメントの問題を抱えている患者の問題を報告できるためには，対人関係を相当巧みにこなすことが求められるということは確かに理解できます。スー

パーヴァイザーを訪れる学生は3つの意識的選択肢を持っています。それらは以下のとおりです。意識できる限り全面的に素材を開示する。素材をかなりの程度制限するか部分を編集する，あるいはその文脈を改変する。あるいは論議から素材を完全に外してしまう。学生の中にはこのジレンマを解決するのに，セッションの中から「肯定的な」素材のみを取り出すことで，患者がうまく前進し続けているか，自分たちがいかにスーパーヴァイザーの理論的および治療的立場に従ってセラピーを行っているかを示す人がいます。もちろんこうした場合のインターンはほとんど学ぶことはできません。別のスーパーヴァイジーは，「否定的」データだけを提示します。それは一部にはスーパーヴァイザーへの助けを求める叫びとして，そしてもう一部は批判される可能性への防御としてなのです。そうすることで彼らはスーパーヴァイザーが機会を捉える前に自分自身を批判します。これもまた極めてわずかな学習しか達成されません。

　初めてのスーパーヴァイジー体験に生じる可能性のあるもうひとつの難しさは，ただスーパーヴァイザーがそうすることを勧めているようだという理由だけで，あなたが自分では理解や同意ができないやり方で，患者とのやりとりをしている自分に気が付くことです。これは三者いずれにとっても実に無益な状況です。確かなことは，学生とスーパーヴァイザーが患者の治療は学生セラピストの責任であるという明確な考えを持たなければ，おそらく大きな問題が生じるということです。「スーパーヴァイザーの機能は［インターン］の成長を促進することであり，遠隔操作によって患者を治療することではない。」(Beckett, 1959, p. 173)

　この章の冒頭の逸話とは別に，ほとんどのスーパーヴァイザーはスーパーヴァイジーが，彼らの間で話し合われた解釈やコメントの一字一句，あるいはそれに近いものを患者に返すことを期待していません。私たちの誰も患者が次に何を持ち込むかは分からないので，スーパーヴィジョンで論議されたトピックそのものがしばらくの間は再び現れない可能性があります。ですから，あなたのスーパーヴァイザーがまたまた絶妙な解釈を話題にしたとしても，あなたはすぐにそれを試してみることはできなくなり，後で使うことができるように頭のファイルにしまい込まなければならないのです。スーパーヴィジョンの後，スーパーヴァイザーにもらったコメントが今にも溢れ出しそうな状態で，セラ

ピーを始めると，患者はあなたをひどく共感的ではないと感じるでしょう。セラピストとして私たちが犯してしまう最悪の，聴くことの「犯罪」のひとつは，ある話題 agenda をもってセッションに入ることです。これはあなたの平等に漂う注意を著しく制限します。

スーパーヴィジョンについてのいくつかの問題は，初心のセラピストにとって永遠に難題であるように見えます。患者と一緒にいる時にどのくらいスーパーヴァイザーを念頭に置くべきなのでしょうか？ 自分のスタイルに合っていないとしても，どのくらいスーパーヴァイザーのアドバイスを試してみようとするのでしょうか？ スーパーヴァイザーに真っ先に確認をすることなく，それが正しいという感覚をもって，自発的に患者に反応を示さないことがどのくらいの頻度であるでしょうか？ あなたが患者としていることを話したくないと感じるのはどのくらいの頻度でしょうか？ これは境界侵犯が起きている可能性がありがちな状況として Gabbard（2010）によってすでに指摘されています。こうした種類の問題を管理することは難しいものです。しかしあなたのスーパーヴァイザーは，ある行動がいつ適切でありいつ不適切なのか具体的な例を教えることができるかもしれません。

スーパーヴィジョン面接のタイミングも重要な要素です。私の経験から，患者とのセラピーセッション直後にスーパーヴィジョンをスケジュールに入れるのは最良の選択ではありません。それは起きたばかりのことを慎重に考えるのではなく，あなたの哀れなスーパーヴァイザーを相手にして気持ちを吐き出して押しつけてしまうことを促す傾向があるからです。しかしさらに悪いのはあなたのセラピーセッションの一時間前にスーパーヴィジョンのスケジュールを入れることです。今しばかりの論議を消化する時間もないままなので，あなたは哀れな患者を相手にして気持ちを吐き出して押しつけてしまいたくなるでしょう。すでに述べたように，セッション前にスーパーヴァイザーが話したことに気をとられている時に患者の話を聴くのは不可能でしょう。

スーパーヴィジョンにおける転移の問題

臨床心理学の大学院生メラニーが，セラピーの精神力動的アプローチを学び

第8章 スーパーヴィジョンを活用すること　173

たいと私の働いていた病院にやって来ました。彼女は他の診療所で短期療法を学んできましたが，それには満足できていないことが分かったのでした。私は喜んで彼女のスーパーヴァイザーになることに同意し，彼女は私のオフィスの廊下を挟んだ反対側のオフィスにどうにか落ち着くことができました。難しいケースについてスーパーヴィジョンが進むにつれて，彼女は自分の個人生活をどんどん開示し始めました。Wallace と Alonso は（Greben and Ruskin, 1994 の中で）以下のように述べています。

> スーパーヴィジョン関係が展開するにつれて，ふたつの引力の間でダイナミックな緊張と相互作用が展開し始める。一方の引力は秘密保持に向かい，他方の引力は秘密開示に向かう（中略）訓練生の側の開示の方向への引力は，同一化の対象となるかもしれないような尊敬する教師とのつながりを求める願望によって活性化されるだけではなく，学ぶためにサイコセラピーの作業を露わにする必要性によっても活性化されるのである。スーパーヴィジョンは，スーパーヴァイジーが［患者との間で］何が起こってきたか（できるだけ完全に）開示するという前提に基づいており（中略）加えて，相互作用に関わる感情を話し合うものである。　　　（Greben and Ruskin, 1994, p. 211）

　Doehrman（1976）は，セラピストがスーパーヴァイザーにもつ強烈な転移反応について研究し，これらの転移がサイコセラピーのやり方に及ぼす影響を評価しようと試みました。彼女はスーパーヴィジョン関係における葛藤が解決されなければ，その葛藤は患者と一緒になって行動化されると結論づけました。
　メラニーの場合，葛藤は彼女の支配的な母親（他にあるでしょうか？）に集中しており，私が彼女とはまったく違っていることを示していました。もちろん良い意味で，です。彼女は母親が頻繁に買い物をする店を話題にし，母親よりももっと刺激的な服をその店で買うことを私に提案しました。そして彼女が実家に帰ることを話していた時，両親に対応するための助言を暗に私に求めてきました。もうひとり別の大学院生が私たちの学科に加わり，また私にスーパーヴィジョンを求めて来た時，事態はさらにはっきりしてきました。おそらく予想されていた通り，このふたりの学生は最初からうまくいかず，彼らが共有するはずだった事務所でしばしば喧嘩をしたのです。とうとう私がメラニーに彼女自身サイコセラピーを受けることが役に立つだろうと提案したところ，彼

女はすぐに同意しました。約1カ月後，彼女は私のオフィスにおずおずとやって来て，「これが適当かどうかわからないのですが，あなたに分析かサイコセラピーをしていただけないかと思っているのです」と述べました。これはいくつかの点で誘惑的でしたが，私はそれには乗らず，彼女を同僚に紹介しました。彼女は初め拒否されたと感じ，これをワーキングスルーするには時間がかかりました。しかし現在，私は会議で彼女と会うのを楽しみにし，彼女の生活についての話を聞いています。

実際にスーパーヴァイザーのやりかたに従ってサイコセラピーを実施することは，文献の中では教育か治療かのジレンマと呼ばれています。スーパーヴァイジーは自分のセラピーの中でもしばしば自分のスーパーヴァイザーをセラピストとして利用したくなり，スーパーヴァイザーもまたしばしばそれに共謀したくなります。転移，そして特に逆転移の問題が患者との作業に関して話し合われ続けるので，インターンはおそらく少なくともある程度の自己開示に関わることになるでしょう。それは例えば次のようです。「なぜこの患者はあなたをそんなにいらいらさせるのでしょう？　この患者の何があなたにとって興奮をひきおこしたり，迷惑や，恐怖になったりするのでしょう？」これは当然のことながらスーパーヴァイジー自身の課題への内省にも関わり，逆転移に焦点化したスーパーヴィジョンと呼ばれています。ほとんどの著者が，スーパーヴァイジーの職業的機能に明らかに侵害となっているような逆転移問題は，実際の事例が議論されているスーパーヴィジョンの中で扱われるべきであるというSarnat（1992）とZaslavsky，そしてNunesとEizirik（2005）に同意しています。しかしスーパーヴァイザーにとってはここで適切に線を引くことができ，スーパーヴァイジーからもたらされる素材の中で患者の治療に直接反映する部分を理解することが重要なのです。スーパーヴァイジーを困らせるその他の問題については，スーパーヴィジョン関係の外のセラピストに紹介されねばならないでしょう。

あるスーパーヴァイジーが最近起こした転移の表現に私は本当に驚きました。私はある経験を積んだインターンにスーパーヴィジョンを行っていましたが，その時突然心拍数があがり，めまいを感じたのです。私はたいしたことではないと思い，終了時間までスーパーヴィジョンを続けました。夫が内科医で

あったそのスーパーヴァイジーは，私に大丈夫かと尋ね，非常に心配していました。私はセッションの終了直後に検査のためにERに行くと告げ，繰り返し彼女に「これが患者と一緒の時に起きたのでなくてありがたかったわ！」と告げました。次に彼女に会った時，私は投薬を受けており問題がないと再度彼女を安心させるように話しました。彼女は夫にそのことを話しており，彼はそれは危険なことになるかもしれないと言いました。私は発作が起きた時に患者と一緒ではなかったことにほっとしていたともう一度話しました。スーパーヴィジョン契約が終了する時，私はこのインターンからはほとんど話を聞けませんでしたが，それは珍しいことであり，彼女が他のサポート源を見つけることに決めたのだと判断しました。私たちの契約が終わって一年後のつい最近，彼女は自分の友人のひとりを紹介したいと問い合わせてきました。彼女がEメールを「お元気ですか？　心臓の具合はいかがでしょうか？」と書き始めているのに気づいた時に初めて，私は彼女がそのエピソードにどれほど怯えていたのかが分かったのでした。私は大丈夫，と彼女を安心させて，今新たに彼女の過去における病気と死についての体験を聞いてみたいと思ったのでした。しかし状況はもはやこうした探索にはふさわしくなく，せめて私はまだ生きていて彼女にとって役立てること，そしてまた彼女にスーパーヴィジョンの中での転移について私にもうひとつの教訓，つまりそれは起こることなのだ！と教えてくれたことに感謝していると知ってもらえるのを期待しなくてはなりませんでした。

　スーパーヴィジョンの中で私たちが観察できる重要なパラレルプロセスのひとつは，インターンの患者とのサイコセラピーの終了が，スーパーヴィジョン関係の終結のシグナルとなるかもしれないということです。ここでまた，板挟みのセラピストはふたつの情動的に張り詰めた状況のただ中にいます。しばしばスーパーヴィジョン関係の終結は，セラピーをやめることについての患者の感情，そして患者との作業を終えることについてのセラピストの感情を使って代理的に扱われます。これはスーパーヴィジョンカップルの関係の終わりについての感情の置き換えとしては都合がよいものです。これが起こると，スーパーヴィジョンが終わることについて詳細には，あるいはまったく語られなくなるかもしれません。しかし多くの転移の機会をもつこの関係性が強烈なもので

あるかもしれないことはすでに述べられているので，スーパーヴィジョン関係の終わりは重要なものとみなされるべきなのです。サイコセラピーの終結において生じるその問題，つまり分離と喪失の問題と成長の問題はスーパーヴィジョンの終わりの肝要な部分です。

もちろん，スーパーヴィジョン関係の終了に，もはや自分のすべての言葉について責任を取る必要はなく，評価されることもないと感じて，ほっとする学生たちもいるかもしれません。特に関係性がずっと強烈で否定的なものであり，転移感情が十分にワーキングスルーされていない場合，あるいは現実に相性が悪い場合，そのインターンは学校から解放されて，今や自分の道を自由に歩めると感じるかもしれません。スーパーヴィジョン関係が依存に特徴付けられている場合には，その学生セラピストは専門家の世界へひとりで入って行くことに不安や恐怖を感じることもあるかもしれません。

非常に多くの場合，学生とスーパーヴァイザーは双方とも別れを悲しく感じるものです。彼らはその関係を相互に価値のあるもの，それぞれ相手から学んできたものと思うのです。彼らは通常，相互の尊敬の絆と，互いに関係をもつ快適な方法を育んできています。最良の状況では，それぞれがもう一方の自尊感情とプロ意識を高めました。学生とスーパーヴァイザー双方にとって，スーパーヴィジョン関係が終了する前に少なくともいくつかのこうした感情について話し合う時間をもつことは大切なことで，双方にとっての助けとなります。

Gabbard（2010）が述べたように，訓練中の歳月にスーパーヴィジョンを効果的に使うことは，専門家の生涯を通して続いていくコンサルテーションのための舞台を用意します。たとえあなたが自分のセラピーを受けていても，あなたはまだ盲点を持っているでしょうし（私たち全員がそうなのですが）転移 - 逆転移の混乱の中に巻き込まれていない同僚やスーパーヴァイザーと話すことはとても重要です。

スーパーヴィジョンにおける逆転移問題

私たちがパラレルプロセスについてすでに述べてきたように，スーパーヴァイザーはスーパーヴァイジーが患者との関わりに引きこまれるように，スーパ

ーヴァイジーとの関わりに引きこまれるかもしれません。この現象が生じているかどうかを判断するのに役立つ手段のひとつは，スーパーヴィジョンの間に自分たちが何を感じているかに触れ，そしてそれを評価できるスーパーヴァイザーの能力です。これは学生セラピストと，患者との間の彼らの相互作用に対して部分的に無意識に反応するという意味では逆転移であり，非常に有用な情報源となり得ます。

> スーパーヴァイザーが体験する情動，すなわちスーパーヴァイジーについての「主観的」ファンタジー体験と個人的な感情といったプライバシーまでも含むようなものは，しばしばスーパーヴァイジーと患者の間の関係性を現在特徴付けているプロセスの貴重な明確化をもたらす。更に，これらのプロセスはしばしば治療関係における困難を惹き起こしているまさにそのものなのだ。
> (Searles, 1955, p. 131)

Gorkin（1981）はスーパーヴィジョンにおける逆転移について優れた一章を書いており，スーパーヴィジョンプロセスに従事している時にスーパーヴァイザーの中に生じる情動的現象を認めています。これらのパラレルプロセスは両方向に流れることがあります。つまり患者からセラピストを通してスーパーヴァイザーへと「上向きに」流れるものと，スーパーヴァイザーから「下向きに」流れるものであり，したがって患者はパラレルプロセスの影響を受けているのです。

スーパーヴァイザーは助け，教え，尊敬され，見習われ，すべての答えを知っていたいという自己愛的なニードと同様に，自らの脆弱性を持っています。彼らは迷えるセラピストと患者が切望する援助と指導を与えるような守護の天使としてみなされるのを喜んでいるかもしれません。あるいは彼らは，個人的なセラピー関係に侵入する新婚旅行の際の付添人としてみなされるのを恐れているかもしれません。

> さらに，スーパーヴァイザーは学生に対する欲望や羨望からのがれることはない。加齢や他の何らかの喪失と感じられたもののために，スーパーヴァイザーは［スーパーヴィジョンを使って］（中略）失われた若さ，活力や力を

取り戻そうとするかもしれない。　　　　　　　　　　（Jacobs, 2001, p. 817）

　こうした感情が，彼らがどのようにスーパーヴィジョンを行うかに影響することでしょう。
　自分のセラピストがスーパーヴィジョンを受けているのを知っている患者がスーパーヴァイザーに対する空想的な関係性／転移を抱くかもしれないのと同様に，スーパーヴァイザーも患者についての話を聞いている時に，彼らに対して逆転移反応を起こすかもしれません。そのスーパーヴァイザーは患者を可哀想だと感じるかもしれません，患者に惹かれるかもしれませんし，患者に怒りを感じるかもしれません，患者に同一化するかもしれませんし，あるいは彼らがセラピストであって欲しいと思うかもしれません。こうしたスーパーヴァイザーのすべての逆転移反応は，特に先ほど引用した Fink（2001）が思わずそうしてしまったように，スーパーヴァイザーがインターンから彼らを救い出し，自分自身が治療をしたいと思うような空想を抱いた後者のような時は，もちろんスーパーヴァイザーがセラピストの話をどのように聴き／評価しているかに影響するでしょう。
　スーパーヴァイザーは，自分たちもまた評価され判断されていることを知っています。彼らがどのようにスーパーヴァイジーを扱っているかはスーパーヴァイジー同士の間で話されているでしょうし，それゆえにスーパーヴァイジーからどのくらい好かれたいかによって，彼らはそれに合うように自分たちのコメントを手控えるかもしれません。スーパーヴァイザーへのヒントは以下の通りです。もしあなたが自発的で自然体であり，謙虚で共感的で忍耐強く聴くことができ，ユーモアのセンスがあれば，あなたの学生はそれに気づくでしょう。彼らはスーパーヴィジョンプロセスの間，あなたの業績は言うまでもなく，あなたが自分の見解，疑念，懸念，指導原則，そして無知を，彼らと分かち合うかどうかを評価するでしょう。よいスーパーヴァイザーはスーパーヴィジョンにおける学習が双方向であることを知っているのです。

エピローグ

　この本の終わりがやって来ました。願わくはこの本があなたの精神力動的サイコセラピストとしてのキャリアに興味深いスタートを提供できることを望んでいます。あらゆる専門職の中で，この仕事は科学的であると同時に謎に満ち，それを実践する大部分の人に人間であることを求めるものです。それは他のどんな専門職よりもあなたの知性，あなたの情動，そしてあなたの個人的な人生哲学に挑戦してくることでしょう。

参考文献

Aron, L. (1996). *A meeting of minds: Mutuality in psychoanalysis.* Hillsdale, NJ: The Analytic Press.
American Psychiatric Association (1986). *Diagnostic and statistical manual of mental disorders (DSM-III-R).* 3rd edn. revised. Washington, DC: American Psychiatric Press.
Bacal, H.A. and Newman, K.M. (1990). *Theories of object relations: Bridges to self psychology.* New York: Columbia University Press.
Baranger, M. and Baranger, W. (2008). The analytic situation as a dynamic field. *International Journal of Psychoanalysis, 89,* 795–826.
Basch, M.F. (1980). *Doing psychotherapy.* New York: Basic Books.
Beckett, T. (1969). A candidate's reflections on the supervisory process. *Contemporary Psychoanalysis, 5,* 169–179.
Berger, D.M. (1987). *Clinical empathy.* Northvale, NJ: Jason Aronson.
Bibring, G.L. (1968). *The teaching of dynamic psychiatry.* New York: International Universities Press.
Black, D.M. (2004). Sympathy reconfigured: Some reflections on sympathy, empathy, and the discovery of values. *International Journal of Psychoanalysis, 85,* 579–596.
Breuer, J. and Freud, S. (1893–1895). *Studies on hysteria.* Standard Edition, II. London: Hogarth Press, 1955.（芝伸太郎訳：ヒステリー研究．フロイト全集2．岩波書店，2008；懸田克躬訳：フロイト著作集7．人文書院，1974；懸田克躬・古田正己訳：フロイト選集9．日本教文社，1955）
Castelnuovo-Tedesco, P. (1991). *Dynamic psychiatry.* Madison, CT: International Universities Press.
Claghorn, J.L., ed. (1976). *Successful psychotherapy.* New York: Brunner/Mazel.
Cooper, S.H. (1998). Countertransference disclosure and the conceptualization of analytic technique. *Psychoanalytic Quarterly, 67,* 128–154.
Craige, H. (2002). Mourning analysis: The post-termination phase. *Journal of the American Psychoanalytic Association, 50(2),* 507–550.
Doehrman, M.J.G. (1976). Parallel process in supervision and psychotherapy. *Bulletin of the Menniger Clinic, 40(1),* 1–104.
Eagle, M. (1984). *Recent developments in psychoanalysis: A critical evaluation.* New York: McGraw-Hill.
Ekstein, R. and Wallerstein, R.S. (1958). *The teaching and learning of psychotherapy.* New York: International Universities Press.
Fernando, J. (2009). *The processes of defense: Trauma, drives, and reality—a new synthesis.* New York: Jason Aronson.
Fleming, J. (1953). The role of supervision in psychiatric training. *Bulletin of the Menninger Clinic, 17,* 157–169.
Fink, K. (2007). Supervision, transference and countertransference. *International Journal of Psychoanalysis, 88,* 1263–1273.
Frayn, D.H.(1995). Premature termination issues in psychoanalytic control cases. *Canadian Journal of Psychoanalysis, 3,* 17–41.

Frayn, D.H. (2005). *Understanding your dreams: A guide to self-awareness.* Toronto, ON: Ash Productions.
Freud, S. (1900). *The interpretation of dreams.* Standard Edition, IV and V, pp. 1–627.（新宮一成訳：夢解釈Ⅰ・Ⅱ．フロイト全集4・5．岩波書店，2007・2011；高橋義孝訳：夢判断．フロイト著作集．人文書院，1968；高橋義孝・菊盛英雄訳：夢判断上・下．フロイト選集．日本教文社，1970）
――― (1905). *Fragment of an analysis of a case of hysteria.* Standard Edition, VII, pp. 116–123.（渡邉俊之・草野シュワルツ美穂子訳：あるヒステリー分析の断片「ドーラ」．フロイト全集6．岩波書店，2009；細木照敏・飯田真訳：あるヒステリー患者の分析の断片．フロイト著作集5．人文書院，1969）
――― (1910). *The future prospects of psycho-analytic therapy.* Standard Edition, XI, pp. 141–151.（高田珠樹訳：精神分析療法の将来の見通し．フロイト全集11．岩波書店，2009；小此木啓吾訳：精神分析療法の今後の可能性．フロイト著作集9．人文書院，1983；小此木啓吾訳：精神分析療法の今後の可能性．フロイト選集15．日本教文社，1969）
――― (1912 a). *The dynamics of transference.* Standard Edition, XII, pp. 99–108.（須藤訓任訳：転移の力動論にむけて．フロイト全集12．岩波書店，2009；小此木啓吾訳：転移の力動性について．フロイト著作集9．人文書院，1983；小此木啓吾訳：感情転移の力動性について．フロイト選集15．日本教文社，1969）
――― (1912 b). *Recommendations to physicians practicing psychoanalysis.* Standard Edition, XII, pp. 109–120.（須藤訓任訳：精神分析治療に際して医師が注意すべきことども．フロイト全集12．岩波書店，2010；小此木啓吾訳：分析医に対する分析治療上の注意．フロイト著作集9．人文書院，1983；小此木啓吾訳：分析医に対する分析治療上の注意．フロイト選集15．日本教文社，1969）
――― (1913). *On beginning the treatment.* Standard Edition, XII, pp. 123–144.（道籏泰三訳：治療の開始のために．フロイト全集13．岩波書店，2009；小此木啓吾訳：分析治療の開始について．フロイト著作集9．人文書院，1983；小此木啓吾訳：分析治療の開始について．フロイト選集15．日本教文社，1969）
――― (1914). *Remembering, repeating and working-through.* Standard Edition, XII, pp. 145–156.（道籏泰三訳：想起，反復，反芻処理．フロイト全集13．岩波書店，2010；小此木啓吾訳：想起，反復，徹底操作．フロイト著作集6．人文書院，1970；小此木啓吾訳：想起，反復，徹底操作．フロイト選集15．日本教文社，1969）
――― (1915). *Observations on transference-love.* Standard Edition, XII, pp. 159–171.（道籏泰三訳：転移性恋愛についての見解．フロイト全集13．岩波書店，2010；小此木啓吾訳：転移性恋愛について．フロイト著作集9．人文書院，1983；小此木啓吾訳：感情転移性恋愛について．フロイト選集15．日本教文社，1969）
――― (1917). *Introductory lectures on psycho-analysis.* Standard Edition, XII, pp. 431–447.（新宮一成・高田珠樹・須藤訓任・道籏泰三訳：精神分析入門講義．フロイト全集15．岩波書店，2012；懸田克躬・高橋義孝訳：精神分析入門，正・続．フロイト著作集1．人文書院，1971；井村恒郎・馬場謙一訳：精神分析入門，上・下．フロイト選集1・2．日本教文社，1969・1970）
――― (1921). *Group psychology and the analysis of the ego.* Standard Edition, XVIII, pp. 67–143.（藤野寛訳：集団心理学と自我分析．フロイト全集17．岩波書店，2006；小此木啓吾訳：集団心理学と自我の分析．フロイト著作集6．人文書院，1970；井村恒郎訳：集団心理学と自我の分析．フロイト選集4．日本教文社，1970）
――― (1924). *An autobiographical study.* Standard Edition, XX, pp. 1–74.（家高洋・三谷研爾訳：みずからを語る．フロイト全集18．岩波書店，2007；懸田克躬訳：自己を語る．フロイト著作集4．人文書院，1970；懸田克躬訳：自らを語る．フロイト選集17．日本教文社，1969）
――― (1937). *Analysis terminable and interminable.* Standard Edition, XXIII, pp. 209–253.（渡邉俊之訳：終わりのある分析と終わりのない分析．フロイト全集21．岩波書店，2011；馬場謙一訳：終りある分析と終りなき分析．フロイト著作集6．人文書院，1970；小此木啓吾訳：終りある分析と終りなき分析．フロイト選集15．日本教文社，1969）
Frosch, J. (1990). *Psychodynamic psychiatry: Theory and practice,* vols. 1 and 2. Madison, CT: International Universities Press.
Gabbard, G.O. (1990). *Psychodynamic psychiatry in clinical practice.* Washington, DC: American

Psychiatric Press.
Gabbard, G.O. (2010). *Long-term psychodynamic psychotherapy: A basic text.* Washington, DC: American Publishing（狩野力八郎監訳／池田暁史訳：精神力動的精神療法——基本テキスト．岩崎学術出版社，2012）
Gauthier, M. (1984). Countertransference and supervision: A discussion of some dynamics from the point of the supervisee. *Canadian Journal of Psychiatry, 29,* 513–519.
Gediman, H.K, and Wolkenfeld, F. (1980). The parallelism phenomenon in psychoanalysis and supervision: Its reconsideration as a triadic system. *Psychoanalytic Quarterly, 49,* 234–255.
Gorkin, M. (1987). *The uses of countertransference.* New York: Jason Aronson.
Greben, S.E. and Ruskin, R., ed. (1994). *Clinical perspectives on psychotherapy supervision.* Washington, DC: American Psychiatric Press.
Greenberg, J.R. and Mitchell. S. (1983). *Object relations in psychoanalytic theory.* Cambridge, MA: Harvard University Press.（横井公一監訳／大阪精神分析研究会訳：精神分析理論の展開——欲動から関係へ．ミネルヴァ書房，2001）
Greenson, R.R. (1967). *The technique and practice of psychoanalysis,* vol. 1. New York: International Universities Press.
Grenell, G. (2002). Termination and the dream. *Journal of the American Psychoanalytic Association, 50(3),* 779–805.
Heimann, P. (1950). On counter-transference. *International Journal of Psycho-Analysis, 31,* 81–84.（椋田容世訳：逆転移について．対象関係論の基礎——クライニアン・クラシックス［松木邦裕編・監訳］，新曜社，2003）
Hildebrandt, F.W. (1875). Der traum und seine verwerthung fur leben, in S. Freud, *The interpretation of dreams,* Standard Edition, IV, pp. 62–63.
Hunt, W. (1981). The use of countertransference in psychotherapy supervision. *Journal of the American Academy of Psychoanalysis, 9(3),* 361–373.
Hutt, M.L. (1953). Discussion of problems in supervision and training in clinical psychology. *American Journal of Orthopsychiatry, 23,* 328–331.
Jacobs, D. (2001). Narcissism, eroticism, and envy in the supervisory relationship. *Journal of the American Psychoanalytic Association, 49,* 813–829.
Kelly, G.A. (1951). Principles of training in clinical psychology. *American Journal of Orthopsychiatry, 21,* 312–318.
Klein, M. (1950). On the criteria for the termination of a psycho-analysis. *International Journal of Psychoanalysis, 31,* 78–80.
Knight, R.P. (1945). Training in psychotherapy and psychoanalysis. *Bulletin of the Menninger Clinic, 9,* 54–59.
Kohut, H. (1977). *The restoration of the self.* New York: International Universities Press.（本城秀次・笠原嘉監訳：自己の修復．みすず書房，1995）
Kubie, L.S. (1958). Research into the process of supervision in psychoanalysis. *Psychoanalytic Quarterly, 27,* 226–236.
Laufer M.E. (1994). Formulation of interpretation. *International Journal of Psycho-Analysis, 75,* 1093–1105.
Lesser, R.M. (1983). Supervision: Illusions, anxieties and questions. *Contemporary Psycho analysis, 19(1),* 120–129.
McCarroll, J. (2007). A candidate's perspective: A review of *Impossible training: A relational view of psychoanalytic education* by Emanuel Berman. *Psychoanalytic Dialogues, 17,* 589–594.
McLaughlin, J.T. (1991). Clinical and theoretical aspects of enactment. *Journal of the American Psychoanalytic Association, 39(3),* 595–614.
McWilliams, N. (1999). *Psychoanalytic case formulation.* New York: The Guilford Press. 成田善弘監訳／湯野貴子・井上直子・山田恵美子訳：ケースの見方・考え方——精神分析的ケースフォーミュレーション．創元社，2006）

Miller, L. and Twomey, J. (1999). A parallel without a process: A relational view of a supervisory experience. *Contemporary Psychoanalysis, 35,* 557–580.
Novick, J. (1982). Termination: Themes and issues. *Psychoanalytic Inquiry, 2,* 329–365.
Novick, J. (1988). The timing of termination. *International Review of Psychoanalysis, 14,* 307–318.
Novick, J. (1997). Termination conceivable and inconceivable. *Psychoanalytic Psychology, 14,* 145–162.
Ogden, T.H. (2004). This art of psychoanalysis: Dreaming undreamt dreams and interrupted cries. *International Journal of Psychoanalysis, 85,* 857–877.
Racker, H. (1968). *Transference and countertransference.* London: Hogarth Press.（坂口信貴訳：転移と逆転移．岩崎学術出版社，1982）
Rangell, L. (1982). Some thoughts on termination. *Psychoanalytic Inquiry, 2,* 367–392.
Renik, O. (1993). Analytic interaction: Conceptualizing technique in light of the analyst's irreducible subjectivity. *Psychoanalytic Quarterly, 62,* 553–571.
Robbins, A. (2008). A healing space for mental health professionals. *The Psychoanalytic Review, 95,* 17–44.
Rogers, C.R. (1951). *Client-centered therapy.* Boston, MA: Houghton Mifflin.（友田不二男編訳：サイコセラピィ．ロージァズ全集3．岩崎学術出版社，1966）
Sandler, J. (1976). Countertransference and role responsiveness. *International Review of Psychoanalysis, 3,* 43–47.
Sandler, J., Dare, C., and Holder, A. (1973). *The patient and the analyst: The basis of the psychoanalytic process.* New York: International Universities Press.（前田重治監訳：患者と分析者――精神分析臨床の基礎．誠信書房，1980）
Sarnat, J.E. (1992). Supervision in relationship: Resolving the teach-treat controversy on psychoanalytic supervision. *Psychoanalytic Psychology, 9,* 387–403.
Schwartz, E.K. and Abel, T.M. (1955). The professional education of the psychoanalytic psychotherapist. *American Journal of Psychotherapy, 9,* 253–261.
Searles, H.F. (1955). The informational value of the supervisor's emotional experiences, *Psychiatry, 18,* 135–146.
Shedler, J. (2010). The efficacy of psychodynamic psychotherapy. *American Psychologist, 65,* 98–109.
Slavson, S.R. (1953). Sources of countertransference and group-induced anxiety, *International Journal of Group Psychotherapy, 3,* 373–388.
Sloane, J.A. (1986). The empathic vantage point in supervision, in A. Goldberg, ed., *Progress in self psychology.* New York: Guilford Press, pp. 188–211.
Solomon, M.F. and Siegel, J.P., eds. (1997). *Countertransference in couples therapy.* New York: W.W. Norton.
Sterba, R.F. (1929). The dynamics of the dissolution of the transference resistance. *Psychoanalytic Quarterly, 9,* 363–379.
Usher, S.F. (2008). *What is this thing called love? A guide to psychoanalytic psychotherapy with couples.* London: Routledge.
Viorst, J. (1982). Experiences of loss at the end of analysis: The analyst's response to termination. *Psychoanalytic Inquiry, 2,* 399–418.
Wagner, F.F. (1957). Supervision of psychotherapy. *American Journal of Psychotherapy, 11,* 759–768.
Winnicott, D.W. (1958). *Collected papers. Through paediatrics to psycho-analysis.* London: Tavistock.（北山修監訳：小児医学から児童分析へ――ウィニコット臨床論文集Ⅰ．児童分析から精神分析へ――ウィニコット臨床論文集Ⅱ．岩崎学術出版社，1989，1990）
Young-Bruehl, E. and Dunbar, C. (2009). *One hundred years of psychoanalysis: A timeline: 1900–2000.* Toronto, ON: Caversham Productions.
Zaslavsky, J., Nunes, M.LT., and Eizirik, C.L. (2005). Approaching countertransference in psychoanalytical supervision: A qualitative investigation. *International Journal of Psychoanalysis, 86,* 1099–1131.

訳者あとがき

　ここに本書が完成したことをとても嬉しく思っています。この原書と出会えたのは百塔の街と言われる古都プラハでの2013年の国際精神分析学会でした。初めて覗き見たその会の雰囲気は明るく，多くの精神分析家や分析家をめざす人々が2年に一度の顔合わせを心から楽しんでいる様子でした。精神分析家の候補生でない非会員の私は参加できないミーティングが沢山あるものの，大会全体の雰囲気からはwelcomeというメッセージを感じ取りました。大勢の女性会員が活発に参加しているということも影響してか，堅苦しい感じはなく，むしろ意外なほど華やかなものでした。その書籍売り場で数冊の本とともに購入したのがこの本でした。

　これまでも精神分析的／精神力動的精神療法の教科書や入門書といわれる優れた書籍はたくさんあり，それぞれ分析の基本や各流派の考え方を日々の臨床に活かせるように工夫されています。もちろんその背景には数多くの精神分析の理論や思想に関する研究があり，100年の歴史が脈々とフロイトの発想を今日に繋げ，深め，拡げ続けています。その発展し続ける理論を目の前の患者との関係にどのように活かしていくと，患者の苦しみを理解して耐えうるものにできるのか，また更に新しく，他にはない「何か」が生まれて来るのだろうか，と日々の臨床での悩みと密かな楽しみは尽きません。

　この書は著者のセーラ・アッシャーが「はじめに」で書いているように，わかりやすい入門書／手引であり，特定の流派に偏らないある意味でオーソドックスなものです。この初版を著者が訓練を始めたころ書いたということはまったく驚きです。その段階で教科書と言われるような書を上梓することは私たちには考えにくいからです。しかしそれだからこそ，本書は初心者や勉強の

途上にある人々の直面する課題に，励ましと数多くのヒントを与えてくれます。私もこの書を手にしたその頃ちょうど，週4〜5回の精神分析と主に自分が実践している週1回のサイコセラピーはどこが共通でどこが違っているのか……と考え始めていました。著者は今日における継続面接の意義を2010年のShedlerから引用して明確にした後，そのためには私たちが提供できる精神力動的サイコセラピーが効果を出し得る対象となる患者を，アセスメントを通してしっかりと判断することが双方の利益となることをはっきりと書いています。また一旦取り組み始めた後でも，必要に応じてセラピーの進め方や技法を変更する必要があることにも触れています。事例について頻度はそれぞれはっきりとは書かれていないものもありますが，週に一度程度の頻度と思われる面接も数多く取り上げられており，そのセラピーで遭遇するこの仕事特有の困難と，苦しみや疑問の中でそれをやり通すための心構えやコツ，またそこから得られる喜びや楽しみを著者は実に率直にユーモアを交えて私たちに伝えてくれています。その姿勢こそ著者が長年に亘って精神分析を学ぶことで得てきたもののように思われ，頻度もさることながら精神分析的／精神力動的な物のとらえかた，人の理解の仕方，生き方，働き方がこの書のいたるところに存在していることが感じられ，直接ではなくとも，これが私の疑問へのひとつの回答になりました。

　実際のセラピーの進め方については，例えば生育史の聴き取り方やそのための時間のかけ方，訓練／スーパーヴィジョンのあり方や終結の迎え方など理論的立場によっては読者の中には異論もあることと思いますし，生活習慣や文化の違いから私たちには時としてピンと来ない叙述もあるかと思います。また基本的にhow toに的を絞っているので，そこには新しい理論の展開はなく，むしろ日常臨床場面で生じる問題への取り組みの方法が分かりやすく数多く書かれています。精神分析の理論を土台として踏まえた上で，日常生活と密着した継続的面接の中から生まれて来るものがこれほど豊かで魅力的だということを十分皆さんに感じていただけるのではないかと思っています。

　翻訳にあたっては私の拙い訳を丁寧に文字通り一語一語みてくださいました岡野憲一郎先生に心から感謝申しあげます。翻訳のことをご相談した際に，先生からは「とにかく誤訳をしないよう心がけましょう」と著者への敬意を尊重

する指針を示していただきました。理論的に難解な書ではないものの，慣用的な表現や特有の言い回しなど，私には意味がつかみ取れない部分も先生に教えていただき，残る疑問点については著者に尋ねてみるようにといただいたアドバイスに従って恐る恐る出した慣れない英文のメールに著者からも快く返信があり，ようやく出版に漕ぎ着けた次第です。また，この書を世の中に出すために編集にあたってくださった岩崎学術出版社の長谷川純様，鈴木大輔様に御礼申しあげます。この間に岩崎学術出版社を離れられた小寺美都子様にも企画の段階でとてもお世話になりました。ここに謝意を述べたいと思います。

2018年8月

重宗 祥子

索　引

あ行

愛着関係　72
曖昧さ　70
新しい素材　115, 146
新しい問題　102
圧縮　97
アルコール　60
移行　54, 77
異性愛の患者　59
以前の治療　73
依存　153
一次過程の素材　73
一者理論　21
「偽りの自己」　132
陰性逆転移　24
陰性転移　17
　　——と時期尚早な終結　138
打ち消し　32
映し返し　36
うつ病　48
エディパルな願望　156
エナクトメント　66, 168
応答的　77
覆いをする，覆いを取る　73
置き換え　16, 98, 157
贈り物　106
穏やかな直面化　37
親転移　104
音楽　47

か行

解釈　36
外傷後の健忘　32
改訂　98
「抱える環境」　27
仮説　37
　　——とフォーミュレーション　65
学校　58
葛藤　9
「かのような」転移　19, 106
関係性　59
患者
　　あなたとそっくりに思える——　130
　　急いで立ち去ろうとする——　125
　　上から目線の——　119
　　おおげさに感謝する——　127
　　恩知らずな——　127
　　加虐的な——　139
　　——がルール　70
　　「完璧な」　131
　　「怖い」——　126
　　侵入的な——　121
　　世話をする——　129
　　「聡明な」——　117
　　「それほど聡明ではない」——　119
　　立ち去ろうとしない——　124
　　楽しませる——　122
　　誘惑的な——　123
感情移入　84
願望の投影　157
記憶　73
記憶の問題　61
聴くこと　46
機能レベル　72
虐待　19, 76
逆転移　22
逆転移感情　161
逆転移的　139
逆転移反応　130
キャンセル　136
休暇　109
境界　155
　　——侵犯　172
　　——設定　28

境界パーソナリティ障害　　78
共感　　11
　　──的同調　　37
　　──の失敗　　14, 137
共感的に聴くこと　　80
教師 - 生徒　　170
矯正学習　　167
きょうだい　　58
きょうだい転移　　112
共謀　　25
継続治療　　79
検閲　　92
幻覚　　61, 72
「健康への逃避」　　137
現在起きている問題　　46
顕在内容　　97
攻撃　　126
攻撃者への同一化　　32
攻撃衝動　　127
攻撃性　　18, 126
構造化されたアプローチ　　77
構造化されていない　　70
行動化　　20, 33, 138, 153
心について考えるための潜在的な能力
　　61
心について考える力　　44, 48

さ行

再構成　　37
再保証　　151
先立たれた感覚　　161
作業同盟　　25
削減できない分析家の主体性　　21
サポーティヴ・セラピー　　78
時期尚早な終結　　136
自虐的　　139
自己愛的　　20
自殺　　49
失策　　133
執拗さ　　16
終結　　157
重要な他者　　11
自由連想　　93

主訴　　46
紹介　　41, 154
症状　　10
症状の悪化　　153
状態夢　　98
象徴表象　　98
衝動　　9, 72
初回面接　　42
職業生活　　59
食欲　　49
自立すること　　58
親密な関係　　72, 152
睡眠　　48
スーパーヴィジョン　　50, 162
　　──における逆転移問題　　176
　　──における転移　　172
性愛転移　　18, 104, 156
生育史　　10, 54
精神医学的病歴　　60
精神症状　　61
精神病的な症候　　72
精神病的なプロセス　　61
精神力動的　　9
性的虐待　　67
セッションの終わり　　50
セッションを忘れる　　33
潜在内容　　97
羨望　　155
喪失　　111
創造的学習　　168
双方向理論　　21

た行

退行　　145
対象関係　　72
代償不全　　76, 78
近い関係　　152
知性　　72
知性化　　31, 83
知的能力　　61
治癒　　136
調律　　25
沈黙　　91

「定型的な」終結　141
抵抗　19, 30
転移　15
　　価値下げされる──　104
　　──空想　152
　　──性投影　139
　　──の結晶化　152
　　──反応　127, 137
電話　28
同一化　16
投影　152
投影同一化　17
投影法　10
投影法検査　75
動機　9
洞察　39
同情　11
同性愛の患者　59
特別扱いの問題　138
特別な関係　156
匿名的　121

な行

内在化　141
名前　42
二者の場　22
二者理論　21
粘着的な依存　128
ノートを取ること　52

は行

パーソナルセラピー　25
パートナーシップ　25, 125
排除された　161
パラレルプロセス　168
反映　172
反動形成　32, 127
反応　16
反復　15, 39
反復強迫　123
否認　31, 157
批判　90, 121
昼の残渣　99

不安　10
　　──夢　102
ファンタジー　126
フォーミュレーション　52, 64
フォローアップ面接　153
ふさわしい患者　69
不適切　16
不法行為　73
フラグを立てること　62, 103
分離　109
変化　40
防衛　19, 30
防衛スタイル　132
「本当の自己」　132

ま行

前の治療　73
「待つ」こと　72
真っ白なスクリーン　21
未解決の葛藤　150
見捨てられた感覚　161
見捨てられて傷ついた体験　28
ミラーリング　37
無意識　93
妄想　61, 72
妄想観念　72
妄想的思考　61
模倣学習　167

や行

薬物　60
薬物濫用　73
ユーモア　71
夢　73, 95
陽性　17
陽性逆転移感情　24
抑圧　10, 31
寄る辺ない感覚　26

ら・わ行

ライバル感情　155
ラポール　26

理想化転移　　104
両価性　　16
両価的感情　　99
両親　　56
倫理的ジレンマ　　73
レム睡眠　　96
録音　　165
ワーキングスルー　　39

人名索引

Abel, T. M.　　162
Aron, L.　　21
Baranger, M.　　19, 22
Baranger, W.　　19, 22
Basch, M. F.　　10, 113
Beckett, T.　　164, 170
Berger, D. M.　　136
Black, D. M.　　11
Castelnuovo-Tedesco, P.　　30
Doehrman, M. J. G.　　168, 173
Fernando, J.　　30, 31
Fink, K.　　165, 166, 178
Fleming, J.　　167
Frayn, D. H.　　96, 136

Freud, S.　　5, 6, 9, 15, 18, 22, 30, 37, 95, 135, 157
Gabbard, G. O.　　5, 38, 39, 140, 141, 163, 164, 172, 176
Gauthier, M.　　162
Gorkin, M.　　177
Greben, S. E.　　173
Greenson, R. R.　　5, 27, 86, 121
Heimann, P.　　23
Hildebrandt, F. W.　　95
Jacobs, D.　　163
Kohut, H.　　12
Laufer, M. E.　　36
Miller, L.　　169
Novick, J.　　139, 157, 158
Renik, O.　　21
Rogers, C.　　12
Ruskin, R.　　173
Schwartz, E. K.　　162
Searles, H. F.　　168, 169
Shedler, J.　　3, 4
Sloane, J. A.　　167
Twomey, J.　　169
Wagner, F. F.　　163
Winnicott, D. W.　　27

監訳者略歴

岡野憲一郎（おかの　けんいちろう）

1982 年	東京大学医学部卒業，医学博士
1982〜85 年	東京大学精神科病棟および外来部門にて研修
1986 年	パリ，ネッケル病院にフランス政府給費留学生として研修
1987 年	渡米，1989〜93 年　オクラホマ大学精神科レジデント，メニンガー・クリニック精神科レジデント
1994 年	ショウニー郡精神衛生センター医長（トピーカ），カンザスシティー精神分析協会員
2004 年	4 月に帰国，国際医療福祉大学教授を経て
現　職	京都大学大学院教育学研究科臨床心理実践学講座教授 米国精神科専門認定医，国際精神分析協会，米国及び日本精神分析協会正会員，臨床心理士
著訳書	恥と自己愛の精神分析，新しい精神分析理論，中立性と現実——新しい精神分析理論 2，解離性障害，脳科学と心の臨床，治療的柔構造，新・外傷性精神障害，続・解離性障害，脳から見える心，解離新時代（以上岩崎学術出版社），自然流精神療法のすすめ（星和書店），気弱な精神科医のアメリカ奮闘記（紀伊國屋書店），心理療法／カウンセリング 30 の心得（みすず書房）他

訳者略歴

重宗祥子（しげむね　しょうこ）

1986 年	上智大学大学院文学研究科教育学専攻博士後期課程修了，臨床心理士
現　職	さちクリニック（東京都新宿区），代々木心理相談室（東京都渋谷区），あおきクリニック（東京都中野区）
著訳書	北山修・黒木俊秀編『語り・物語・精神療法』（共著）日本評論社　2004 サンドラー著『患者と分析者』（共訳）（第二版）誠信書房　2008 津田彰・山崎久美子編『心理療法の諸システム』（共訳）金子書房　2010 ピンスカー著『サポーティヴ・サイコセラピー入門』（共訳）岩崎学術出版社　2011 ソロモン他著『短期力動療法入門』（共訳）金剛出版　2014

精神力動的サイコセラピー入門
——日常臨床に活かすテクニック——

ISBN978-4-7533-1140-8

監訳者
岡野 憲一郎

2018年9月25日　第1刷発行

印刷・製本　　（株）太平印刷社
──────────
発行所　　（株）岩崎学術出版社
〒101-0062　東京都千代田区神田駿河台3-6-1
発行者　　杉田 啓三
電話 03（5577）6817　FAX 03（5577）6837
©2018　岩崎学術出版社
乱丁・落丁本はおとりかえいたします　検印省略

精神力動的精神療法——基本テキスト（DVD付き）
G・O・ギャバード著　狩野力八郎監訳　池田暁史訳
米国精神分析の第一人者による実践的テキスト　　本体 5000 円

力動的精神療法入門——理論と技法
中久喜雅文著
米国力動精神医学の達人による懇切な手引書　　本体 2800 円

初回面接入門——心理力動フォーミュレーション
妙木浩之 著
心理療法の場でのよりよい出会いのために　　本体 2500 円

快の錬金術——報酬系から見た心
岡野憲一郎著
「快-不快」の視点から人の心を裸にする　　本体 2500 円

臨床場面での自己開示と倫理——関係精神分析の展開
岡野憲一郎編著　吾妻壮／富樫公一／横井公一著
精神分析の中核にある関係性を考える　　本体 3200 円

連続講義　精神分析家の生涯と理論
大阪精神分析セミナー運営委員会編
フロイトら精神分析家の生涯と思想を日本の研究者が語る　　本体 3800 円

臨床家のための精神分析入門——今日の理論と実践
A・ベイトマン／J・ホームズ著　館　直彦監訳　増尾徳行訳
実践家に向けた現代精神分析の世界を俯瞰するためのガイド　　本体 3300 円

フロイト技法論集
S・フロイト著　藤山直樹監訳　坂井俊之／鈴木菜実子訳
実践家による実践家のためのフロイト　　本体 3000 円

メンタライゼーションと境界パーソナリティ障害
A・ベイトマン／P・フォナギー著　狩野力八郎／白波瀬丈一郎監訳
MBTが拓く精神分析的精神療法の新たな展開　　本体 5300 円

この本体価格に消費税が加算されます。定価は変わることがあります。